In gesprek met God

Trevor Hudson

In gesprek met God

Uitgeverij Boekencentrum, Zoetermeer

www.uitgeverijboekencentrum.nl

Ontwerp omslag: Mulder van Meurs

Deze uitgave is oorspronkelijk verschenen onder de titel *Questions God asks us* bij Struik Christian Books te Kaapstad, Zuid-Afrika.

Vertaling: Tineke Yürümez-Kroon

ISBN 978 90 239 2351 0
NUR 707

© Engelse uitgave: 2008 Trevor Hudson/Struik Christian Books
© Nederlandse uitgave: 2009 Uitgeverij Boekencentrum, Zoetermeer

Inhoud

Voorwoord   7

   1. Waar ben je?   11
   2. Waar is je broer?   22
   3. Wat heb je daar in je hand?   35
   4. Hoe heet je?   47
   5. Wat doe je hier?   59
   6. Wat zoek je?   72
   7. Wie zeg jij dat Ik ben?   84
   8. Wil je beter worden?   97
   9. Waarom huil je?   109
  10. Begrijp je wat Ik voor je heb gedaan?   122

Dankbetuiging   135

Voorwoord

Heb je ooit stilgestaan bij de vragen die God ons in de Bijbel stelt? Jarenlang keek ik daar op de een of andere manier overheen. Misschien kwam dat omdat ik, zoals vele anderen, dacht dat de Bijbel een boek voor antwoorden was. Hij was er om me oplossingen te geven voor mijn zorgen en dilemma's van elke dag. Op een dag besefte ik, enkele jaren geleden, dat ik God en de Bijbel wellicht vanuit de verkeerde richting benaderde. Het was alsof God tegen me zei: 'Trevor, in plaats van Mij altijd maar vragen te stellen, moet je nu eens gaan luisteren naar de vragen die Ik voor jou heb.'

Dit besef was een belangrijk keerpunt in mijn reis met God. In plaats van steeds maar weer in de Bijbel naar antwoorden te zoeken, begon ik zorgvuldiger na te denken over de vragen die God stelt. Eerst deed ik dat in mijn eigen gebedsleven en in preken. Toen begon ik er met anderen over te praten in kleine groepen, tijdens retraites en in preken. Op een dag besloot ik een stap verder te gaan en er over te schrijven. Je hebt nu het product in handen van de beslissing die ik drie jaar geleden genomen heb.

Ik heb me vaak afgevraagd waarom God ons vragen zou willen stellen. Er zouden verschillende redenen voor kunnen zijn. Om te beginnen wil God een relatie met ieder van ons aangaan. Eén manier waarop God dat diepe verlangen laat zien is door vragen te stellen. Het zijn dezelfde vragen die God in de Bijbel ook steeds aan zijn volk stelde. Wanneer we beginnen te horen dat ze ook tot ons gericht zijn, gaan we iets ontdekken van de dingen waarover God met ons wil spreken. Onze antwoorden voeren ons mee naar een relatie van intensievere omgang en diepere intimiteit met God.

Ten tweede geeft God ons meer waardigheid door ons met de vragen te laten worstelen in plaats van ons eenvoudigweg de antwoorden te geven. Onlangs heb ik gelezen dat Jezus van de 183 vragen die in de vier evangeliën aan Hem gesteld worden, er slechts drie rechtstreeks beantwoordde![1] Je mag zelf uitzoeken welke drie dat zijn! Dit weinig bekende feit is een verrassing voor mensen die geloven dat het christelijke geloof ons altijd duidelijke antwoorden verschaft. Blijkbaar zag Jezus dat heel anders. Door ons vragen te stellen wilde Hij ons laten zien dat God echt waarde hecht aan wat we denken en voelen.

Ten derde schuilt er in vragen veel meer macht om ons te transformeren dan in rechtstreekse antwoorden. Vooral wanneer ze door God gesteld worden, Die precies weet wel-

---

1. Richard Rohr doet deze observatie in zijn Voorwoord in *The Questions of Jesus* (Doubleday, 2004).

ke vragen Hij moet stellen. Dit is zeker mijn ervaring geweest toen ik met de tien vragen in dit boek bezig was. Ze hebben me uitgenodigd diep en eerlijk in mijn hart te kijken. Ze hebben me uitgedaagd in mijn relaties. Ze hebben me ertoe gebracht me op een realistischer manier bezig te houden met de pijn en het lijden van onze samenleving. Op de een of andere manier hebben ze de kracht om mijn leven binnen te dringen en me van binnenuit te veranderen.

Nu je begint aan de reis die het lezen van dit boek is, zal ik je wat gedachten meegeven als richtingwijzer. Je zult merken dat er vijf vragen uit het Oude Testament en vijf vragen uit het Nieuwe Testament zijn. Ik geloof dat al deze vragen door God gesteld worden, zelfs die in het Nieuwe Testament. De basis voor mijn overtuiging is dat Jezus van Nazaret God in het vlees aan ons geopenbaard heeft. Denk maar aan zijn woorden: 'Wie mij gezien heeft, heeft de Vader gezien.' Daaruit volgt dat de vragen die Jezus in de evangeliën aan de mensen heeft gesteld tegelijkertijd vragen zijn die God tot ieder van ons richt.

Je zult ook merken dat elk hoofdstuk eindigt met het onderdeel 'antwoorden op Gods vraag'. Hier vind je suggesties om Gods vragen persoonlijk te onderzoeken binnen de context van je eigen leven. Vergeet niet dat God een tweerichtingsrelatie met je wil. Je kunt niet zo'n relatie hebben zonder te luisteren en te spreken – of met andere woorden: zonder dialoog. Ik hoop dat deze tien vragen een aanzet zullen zijn tot een intensievere dialoog tussen God en jou.

Ten slotte hoop ik dat je in staat zult zijn om deze vragen samen met anderen te onderzoeken. Er kan echt iets goeds in ons leven tot stand komen wanneer we persoonlijke ervaringen delen met andere mensen die belangrijk zijn in ons leven. Om je te helpen dit boek voor groepsstudie te gebruiken heb ik aan het einde van elk hoofdstuk ook een paar eenvoudige vragen laten opnemen. Wellicht wil je die gebruiken voor groepsgesprekken.

Toen ik in mijn eigen leven met deze vragen worstelde, trad ik een heel nieuwe wereld binnen, een wereld die gericht was op een gespreksrelatie met God en een avontuurlijke vorm van discipelschap. Ik hoop dat dit ook voor jou het geval zal zijn.

1. Waar ben je?

Het is het eerste spelletje dat ik me van mijn kinderjaren kan herinneren. Toen ik klein was, woonde ons gezin in een klein flatje. Terwijl mijn ouders druk bezig waren, zocht ik een plekje om me te verstoppen. Er waren niet echt veel keuzemogelijkheden. Soms verstopte ik me onder een bed, of achter de bank, of in de garderobekast. Waar het ook was, ik zat daar te wachten en hoopte dat iemand zou merken dat ik weg was. Het was altijd een bijzonder moment als ik mijn vader of moeder dichterbij hoorde komen en hoorde roepen: 'Waar zit je toch?'

Deze vraag raakt me diep. Ik kan naar de reden daarvan alleen maar gissen. Misschien verzekerde deze vraag me ervan dat mijn ouders echt van me hielden. Of misschien gaf deze me het gevoel dat ik echt ergens bij hoorde. Misschien gaf het gewoon een goed gevoel om te weten dat mijn afwezigheid was opgemerkt. Ik weet niet zeker wat de reden was. Alles wat ik weet, is dat een uitbundige vreugde mijn hart vulde wanneer mijn ouders me kwamen zoeken en vroegen waar ik zat.

De eerste vraag die God in de Bijbel stelde, was dezelfde die mijn ouders ook stelden. Deze vraag komt uit het boek Genesis. Misschien weet je nog dat het gaat over een hof. Al snel nadat onze eerste voorouders geschapen waren, overtraden ze de enige regel waaraan ze zich moesten houden. De gevolgen waren natuurlijk tragisch: de intimiteit met God en met elkaar werd onmiddellijk verwoest; er kwam scheiding. Adam en Eva naaiden vijgenbladeren aan elkaar om zich voor elkaar te verbergen en ze verborgen zich voor God achter struiken in de hof. Dan lezen we deze prachtige, indringende woorden: 'Maar God, de Heer, riep de mens: "Waar ben je?"'

Ik vraag me af hoe Adam en Eva zich voelden toen ze God hoorden roepen. Waren ze bang en vroegen ze zich af of God hen bij de kladden zou vatten en zou straffen? Ze moeten tenslotte geweten hebben dat ze God vreselijk op zijn ziel hadden getrapt.

Of voelden ze net zoiets als ik wanneer mijn ouders me kwamen zoeken? Deed Gods vraag hen beseffen hoezeer Hij naar hun gezelschap verlangde? Ik heb vaak over deze dingen nagedacht. Mijn vragen hebben in belangrijke mate vormgegeven aan de manier waarop ik met God omga en mijn geloof beleef. Ik zal uitleggen wat ik daarmee bedoel.

Gods zoekende hart

Onlangs luisterde ik naar iemand die het verhaal van zijn geestelijke reis vertelde. Hij beschreef hoe hij uiteindelijk

God had gevonden, na jaren zoeken in verschillende richtingen. Ik had gemengde gevoelens over zijn gebruik van de uitdrukking 'God vinden'. Enerzijds schuilt hierin een zekere waarheid. We zoeken inderdaad naar God. Anderzijds zijn wíj ook degenen die zich verstoppen. Niettemin probeert God steeds om ons te vinden. Dit is het goede nieuws van Genesis 3. Wanneer we ons voor God verbergen, komt Hij ons zoeken en roept tot ieder van ons: 'Waar ben je?'

Deze vraag leidt ons dieper in het zoekende hart van God en herinnert ons eraan dat God altijd in liefde naar ons op zoek is. Niets kan ooit het vuur doven in Gods hart, dat graag een persoonlijke relatie met ons wil opbouwen, zelfs als we er een puinhoop van maken en het spoor bijster raken. Wanneer God ons vraagt waar we zijn, is het alsof God tegen jou en mij zegt: 'Ik mis je. Mijn hart doet pijn vanwege jou. Ik wil weer een intiem contact met jou opbouwen. Ik heb verdriet om de afstand die er tussen ons is. Ik verlang naar je gezelschap en Ik zal je zoeken totdat Ik je gevonden heb.'

Is het je ooit opgevallen dat dit dezelfde boodschap is als de boodschap die Jezus bracht met betrekking tot God? Hij heeft dat op vele plaatsen in de Bijbel gedaan. Een van mijn favoriete verhalen is zijn verhaal over de vrouw die tien geldstukken had en er eentje was kwijtgeraakt. Weet je nog wat ze deed? Ze stak een lamp aan, haalde een bezem en begon te vegen. Tot wanneer? Totdat het donker werd? Nee. Totdat ze moe werd? Nee. Totdat de bezem versleten begon te raken? Nee. Ze veegde en veegde en veegde totdat ze het verloren geldstuk weer gevonden had. Ze veegde zolang het nodig was. Gods zoekende liefde kent geen grenzen. Niet één!

Jezus' gelijkenis is een prachtige illustratie van Gods zoekende hart. God, zo zegt Jezus, is net als deze vrouw. God zoekt ieder van ons totdat we gevonden worden. We worden met een onbeperkte liefde bemind, met een liefde die ons nooit zal laten gaan. God heeft een hartstochtelijk verlangen naar een intieme relatie met ieder van ons. Ons hart is gevormd met het oog op deze goddelijke verbinding. Daarom zal niets anders dan een hechte en persoonlijke band met God onze diepste verlangens ooit kunnen bevredigen.

Neem even de tijd om na te denken over deze vraag: 'Waar ben je?' Laat deze vraag je verder meevoeren in Gods zoekende hart. Stel je God voor Die op dit moment met een aanhoudend verlangen aan jou denkt. Koester je in de zonneschijn van deze zinderende liefde die naar je toe stroomt. Laat haar krachtige stralen je hart verwarmen. Als Gods liefde je niet echt lijkt, vraag God dan om je deze kennis te geven, niet in je hoofd, maar in je hart. Frederick Buechner zegt het treffend: 'Als je nooit de kracht van Gods liefde hebt gekend, dan komt dat misschien omdat je nooit hebt gevraagd of je die mocht ervaren – ik bedoel echt gevraagd, waarbij je rekende op een antwoord.'

Op een dag ging een man naar een dokter omdat hij zich depressief voelde. De dokter onderzocht hem en constateerde dat hij fysiek in goede gezondheid verkeerde. Hij zei tegen de man: 'Er is een circus in de stad, met een geweldige clown die Grimaldi heet. Iedereen die hem ziet, gaat lachen. Waarom doe jij dat ook niet? Hij zal je aan het lachen maken en dan zul je je veel beter voelen.' De patiënt antwoordde: 'Dokter, dat zal niets helpen. Ik ben Grimaldi.'

Velen van ons zijn net als Grimaldi. We verbergen wie we werkelijk zijn. We verbergen ons voor de mensen om ons heen. We verbergen ons voor God. Soms proberen we ons voor onszelf te verstoppen. We verbergen ons omdat we geloven dat we niet aanvaardbaar zullen zijn als anderen ons leren kennen zoals we werkelijk zijn. Dus een groot deel van ons leven zijn we druk bezig met het projecteren van beelden van wie we niet zijn. Achter deze façades bestaat de echte persoon – de echte ik – die soms zo goed verborgen is dat we zelf niet eens weten wat hij of zij werkelijk denkt of voelt.

We verbergen ons op velerlei manieren. We toveren een glimlach tevoorschijn terwijl we bedroefd zijn. We proberen zelfverzekerd over te komen terwijl we bang zijn. We doen alsof we het allemaal voor elkaar hebben terwijl alles uit elkaar valt. We doen alsof we geloven terwijl we eigenlijk twijfelen. We wenden belangstelling voor wanneer het ons eigenlijk niets kan schelen. In de woorden van het verhaal van

15

Adam en Eva: we bedekken onze naaktheid met de vijgenbladeren van het 'doen alsof'. Het is dan ook niet verrassend
dat onze relaties met God en met andere mensen vaak gekenmerkt worden door een droevige oppervlakkigheid en een
gebrek aan werkelijke intimiteit. Onechte mensen hebben
onechte relaties.

Gods vraag nodigt ons uit om uit onze schuilplaats te komen, om onze vijgenbladeren weg te halen en echt te worden. Onze relaties met God en met anderen veranderen ten
goede wanneer we hiermee beginnen. Wanneer we in volledige eerlijkheid voor onze Schepper komen, is er aan Gods
kant een reactie die ons helpt beseffen dat we bemind worden. We gaan inzien dat we bemind worden, gewoon zoals
we zijn. Als gevolg daarvan hoeven we niet meer zo veel te
doen alsof. We kunnen uit onze schuilplaats tevoorschijn komen en op een open en vrije manier gaan communiceren.
Dat is heel bevrijdend!

Mijn eigen reis heeft me dat geleerd. Ik kwam voor het
eerst uit mijn schuilplaats toen ik een tiener was. Toen ik
door een straat in Port Elizabeth liep, vertelde ik aan God
wat er in mijn leven gaande was aan goede en slechte dingen. 'God,' zo bad ik, 'ik geef mijn hele leven aan U.' Sinds
die avond heb ik nog vele malen uit mijn schuilplaats moeten komen. Elke keer is het alsof ik God een nieuwe verborgen laag in mijn leven laat zien. En elke keer dat ik dit
doe, merk ik dat ik Gods liefde op een diepere manier ervaar

dan daarvoor. Moge dit ook jouw ervaring zijn als je reageert op Gods vraag: 'Waar ben je?'

Gods liefde zichtbaar maken

Deze vraag daagt ons ook uit om Gods liefde zichtbaar te maken voor anderen. We worden omgeven door mensen die het moeilijk vinden om te geloven dat zij belangrijk zijn voor God. Vaak zijn dit mannen en vrouwen die veel geleden hebben. Hun leven is getekend door onderdrukking, tragedie, afwijzing, misbruik of een andere vorm van diepe pijn. Ze hebben het gevoel dat het God niets kan schelen. Dit zijn mensen naar wie Gods hart met pijn en verlangen op zoek is. Maar ze hebben iemand nodig om de goddelijke barmhartigheid handen en voeten te geven voordat ze Gods liefdevolle vraag 'Waar ben je?' kunnen ervaren.

Hoe kunnen we dat doen? Het volgende verhaal heeft richting gegeven aan mijn pogingen om te leren hoe ik mensen die veel geleden hebben kan liefhebben. Het is het getuigenis van Renee Alston, dat ze zelf heeft verteld in haar boek *Stumbling Towards Faith*. Je krijgt koude rillingen van het boek, maar moet het beslist lezen! Als kind werd Renee herhaaldelijk verkracht door haar vader terwijl hij christelijke liedjes zong en het Onze Vader opzegde. Later werd ze op pijnlijke wijze in de steek gelaten door haar verslaafde en dakloze moeder. Oppervlakkige reacties van christenen op de pijn die ze ervoer, maakten haar gevoel van vervreemding al-

17

leen maar sterker. Toen ze het christelijk geloof bijna had opgegeven kwam er iemand in haar leven die Gods liefde zichtbaar maakte. Ze beschrijft die ervaring als volgt:

'Door zijn leven en door zijn liefde leefde hij Gods liefde in mij naar binnen. Hij gaf om me, was bereid tijd met me door te brengen en omhelsde me met al mijn brokken ongeloof en twijfel. Hij gaf me geen gemakkelijke antwoorden. Hij gaf me eigenlijk helemaal geen antwoorden. Hij gaf me veeleer toestemming om het zonder antwoorden te doen – een onbeschrijflijk geschenk. Hij gaf me de ruimte om vragen te stellen, om eerlijk te zijn, om te worstelen en verdriet te hebben.

Ik voelde de vrijheid om half af te zijn. Ik voelde de vrijheid om te huilen, om te rouwen om alles wat ik had verloren. Ik voelde dat God me liefhad te midden van mijn half afgeronde rouwproces, dat Hij me hoorde als ik huilde. Ik voelde die liefde door mijn vriend, een liefde die mild en geduldig en speels was.

Hij gaf me weer leven en hoop. Hij zag mijn droefheid en mijn gebrokenheid en stapte daarin binnen, in plaats van te proberen mij eruit te praten. Hij erkende mijn wanhoop en wees stil, zonder woorden, naar iets wat groter was dan hij. Hij wees me op de lente en het licht en het leven, terwijl hij steeds de winter, de duisternis en de pijn ten volle erkende.'

Kun je je een beetje voorstellen hoe we Gods liefde zichtbaar kunnen maken? Wanneer we aanwezig kunnen zijn bij mensen die lijden – zoals deze persoon er voor Renee was – dan brengen we Gods liefde naar hen toe. We ervaren zelf Gods liefde ook intenser. Als we echter niet in staat zijn om op deze manier liefde en aanvaarding te tonen, dan zou het kunnen zijn dat we zelf Gods liefde nog intenser moeten leren kennen. Want wanneer we echt door God gevonden zijn, vloeit zijn liefde als vanzelf over in de manier waarop we met anderen omgaan. Anderen liefhebben met de liefde die we van God hebben ontvangen, hoeven we zelden te forceren.

Antwoord geven op Gods vraag

Waar ben je? God verlangt ernaar een een-op-een-gesprek met ons te voeren. En dus neemt God het initiatief door naar ons toe te komen en ons deze vraag te stellen. Denk er eens een ogenblik over na. We beginnen niet vanuit het niets aan het gesprek met God. God is er al mee begonnen. We hoeven alleen maar mee te gaan doen met het gesprek dat al bezig is. Een manier om dat te doen is door op deze vraag te reageren. Hier volgen enkele suggesties.

Begin eenvoudig met God te vertellen wat er op dit moment in je leven speelt. Vertel je diepste verlangens, je vreugden, je zorgen, je schaamte en je angsten aan God. Misschien vind je het tijdverspilling om deze dingen aan God te vertellen. Tenslotte weet

God alles al lang. Het gaat er echter niet om dat je God nieuwe informatie geeft. Het gaat er veeleer om dat je uit je schuilplaats komt en leert om openlijk met God te spreken over alles wat in je leven speelt, en dan zijn nabijheid ervaart die deze vorm van transparantie in je relatie met Hem tot stand brengt.

Misschien wil je ook ingaan op de uitdaging van deze vraag. Zoals we gezien hebben, daagt deze ons uit Gods liefde zichtbaar te maken. De God die we in de Bijbel tegenkomen, zoekt alle mensen, ongeacht wie ze zijn of wat ze gedaan hebben. Ieder mens heeft een speciale plek in Gods zoekende hart. Gods droom voor onze wereld is dat ieder mens dit gaat ontdekken. Vooral degenen die lijden en diepe pijn ervaren. Jij kunt een rol spelen in het realiseren van Gods droom. Natuurlijk kun je niet iedereen die lijdt de helpende hand reiken, maar in je gesprek met God kun je Hem vragen: 'Heer, wie zit er in mijn pakket? Aan wie kan ik uw liefde brengen?'

Ik wil je er graag nogmaals aan herinneren dat God een intieme relatie met je wil opbouwen. Moge je bereidheid om deze vraag te beantwoorden en zo met God in gesprek te zijn de deur openen voor een intimiteit die je stoutste verwachtingen overtreft!

Vragen voor kleine groepen

1. Waar bevind je je op dit moment in je relatie met God?
2. Hoe verberg je je soms voor God en de mensen om je heen?
3. Wanneer werd je je voor het eerst bewust van Gods persoonlijke liefde voor jou?
4. Kun je iemand noemen die Gods liefde voor jou zichtbaar heeft gemaakt? Hoe heeft hij of zij dat gedaan?
5. Heb je een idee hoe God je roept om op dit moment verantwoordelijkheid jegens anderen te dragen?

2. Waar is je broer?

Enkele weken geleden leidde ik de begrafenis van een jongeman van in de twintig. Hij was naar een bedrijfsfeestje gegaan. Omdat hij een van de jongste en nieuwste werknemers was, daagden zijn collega's hem uit om een paar cocktails achterover te slaan. Toen hij in zijn auto stapte om naar huis te gaan was hij niet in staat om te rijden, maar niemand van zijn collega's voelde zich verantwoordelijk om hem tot de orde te roepen of tegen te houden. Op weg naar huis viel hij in slaap op een lang, recht stuk weg. De auto sloeg over de kop en hij was op slag dood. Zijn familie was er kapot van. Het was een zinloze dood.

Ik heb veel over deze tragedie nagedacht. Ze roept diepe vragen op. Waren de collega's van de man op enigerlei wijze schuldig aan zijn dood? Hadden ze ervoor moeten zorgen dat hij niet in de auto stapte? Hebben ze bloed aan hun handen? Of hebben ze geen schuld aan wat er gebeurd is? Vragen als deze betreffen een moeilijke, complexe en uitdagende materie: wat is onze verantwoordelijkheid jegens elkaar? Moeten we ons met onze eigen zaken bezighouden, ons niet bemoeien met wat er om ons heen gebeurt, en iedereen de verantwoordelijkheid voor zijn of haar eigen leven laten dragen? Of hebben we een van God gekregen verantwoordelijkheid om zorg te dragen voor het welzijn van onze geliefden en vrienden, onze buren en onze vijanden, en zelfs van onze wereld?

Onze tweede vraag gaat in op deze kwestie. De vraag komt uit het bekende verhaal van Kaïn en Abel, de eerste kinderen van Adam en Eva. Je kunt het lezen in het vierde hoofdstuk van Genesis. Beiden dienden ze God. Kaïn offerde de vruchten van het land op zijn altaar, terwijl Abel een lam uit zijn kudde offerde. Om redenen waar we alleen maar naar kunnen gissen aanvaardde God Abels offer wel, maar wees Hij het offer van Kaïn af. Kort daarna doodde Kaïn in een vlaag van woede zijn broer. Onmiddellijk verscheen God op het toneel en stelde Kaïn de vraag: 'Waar is je broer?'[2]

Deze vraag nodigt ons uit om onze verantwoordelijkheid jegens elkaar vanuit ten minste drie invalshoeken te bekijken. In geen van de drie gevallen is dat eenvoudig. We zijn geneigd weg te duiken voor de ongemakkelijke uitdagingen waar ze ons voor stellen. Niettemin hoop ik dat je de tijd zult nemen om ze stuk voor stuk serieus te overdenken. Degenen die positief hebben gereageerd op deze uitnodiging, hebben gemerkt dat ze diepgaand getransformeerd werden. Ze hebben gemerkt dat hun leven en hun geloof veel meer beteke-

---

2. Genesis 4:9.

nis hebben gekregen. Misschien zal dat ook voor jou en mij zo zijn, wanneer we er uitgebreider bij stilstaan en ingaan op de uitdagingen die ze vormen voor ons leven.

Onze verantwoordelijkheid jegens onze naasten

Allereerst nodigt deze vraag ons uit om onze verantwoordelijkheid tegenover onze naasten te erkennen. Om te beginnen zijn dat ons gezin, onze vrienden en collega's, de mensen die naast ons wonen en degenen die we tegenkomen in ons dagelijks leven. Zij maken allemaal deel uit van het menselijke gezin waartoe ook jij en ik behoren.

We zijn diep met elkaar verbonden. Wanneer God ons vraagt: 'Waar is je broer?', dan gaat het over deze mensen. In feite vraagt God: 'Ben je bereid om enige verantwoordelijkheid op je te nemen voor het welzijn van deze mannen en vrouwen, met wie je regelmatig tijd doorbrengt?'

Kaïn, zoals je je wellicht herinnert, probeerde onder deze verantwoordelijkheid uit te komen. Toen hem gevraagd werd waar zijn broer was, had hij een prachtige gelegenheid om gestalte te geven aan wat het werkelijk betekende om een verantwoordelijk lid van Gods menselijke gezin te zijn. Hij had tegen God kunnen zeggen: 'Heer, ik heb mijn broer gedood. Ik heb iets verschrikkelijks gedaan. Ik heb gezondigd tegen U en uw gezin. Vergeef me alstublieft. Ik zal zo veel mogelijk proberen het weer goed te maken.'

Stel je eens voor wat voor creatieve en leven schenkende

gevolgen na een dergelijke reactie door de wereld gestroomd zouden zijn.

Maar Kaïn weigerde botweg om zich op enigerlei wijze verantwoordelijk te voelen voor zijn broer. 'Dat weet ik niet. Moet ik soms waken over mijn broer?' (NBG: 'Ben ik mijn broeders hoeder?') Bijbelwetenschappers wijzen erop dat het woord dat Kaïn hier gebruikt voor 'hoeder' meestal gebruikt werd in relatie tot dieren. Herders werden 'hoeders' van geiten, schapen en ander vee genoemd. Met andere woorden: Kaïns keiharde reactie op Gods vraag zou ruwweg vertaald kunnen worden als: 'Hoe zou ik moeten weten waar mijn broer zit? Hij was tenslotte eigenlijk een soort dier. Word ik geacht voor dieren te zorgen?' Hij weigerde koppig om hoe dan ook verantwoordelijkheid te dragen voor het welzijn van zijn broer als medemens.

Maar, zo denk je misschien, mijn naasten moeten toch ook de verantwoordelijkheid voor hun eigen leven dragen? Dat moeten ze zeker. We zijn allemaal verantwoordelijk voor ons eigen leven. Er zijn inderdaad dingen waarvoor wij, en wij alleen, verantwoordelijk zijn. Denk bijvoorbeeld aan de keuzes en beslissingen waar we elke dag voor staan. Niemand anders kan daarvoor verantwoordelijk worden gehouden, behalve wij zelf. Niettemin lijkt Gods vraag te impliceren dat we in bepaalde opzichten verantwoordelijk zijn voor wat er gebeurt met de mensen om ons heen. Het is onze taak om te proberen uit te vinden waaruit onze verantwoordelijkheid bestaat.

Laten we eens teruggaan naar het verhaal van die jonge man die bij een auto-ongeluk om het leven kwam. Er waren bepaalde keuzes die hij maakte en waar hij alleen verantwoordelijk voor was. Hij koos ervoor naar een bedrijfsfeestje te gaan. Hij koos ervoor in te gaan op de uitdaging cocktails te drinken. Niemand anders dan hij draagt de schuld voor die beslissingen. Maar zijn oudere collega's waren niet zonder blaam. Ze misbruikten hun invloed om hem aan het drinken te krijgen. Ze hadden hem ervan kunnen weerhouden om naar huis te rijden in zijn dronken toestand. Het is een feit dat ons leven diep verbonden is met dat van anderen. Of we dat nu erkennen of niet, onze handelwijze heeft invloed op de mensen om ons heen. Gods vraag aan ieder van ons – 'Waar is je broer?' of 'Waar is je zus?' – daagt ons uit om dat in te zien.

Onze verantwoordelijkheid jegens onze vijanden

Ten tweede nodigt deze vraag ons uit onze verantwoordelijkheid tegenover onze vijanden te erkennen. Deze erkenning zal alleen tot stand komen als we ook bereid zijn om onze vijanden als onze 'broers' en 'zussen' te zien. Meestal neigen we juist naar het tegenovergestelde. We hebben de neiging hen te demoniseren. Ze zijn zo anders dan wij. Zij zijn slecht en wij zijn goed. Ze zijn het niet echt waard dat we ons druk over hen maken. Soms zouden we misschien wel willen dat ze dood waren. De Bijbel is hierover echter heel duidelijk: God geeft wel om hen en wil dat we gaan erkennen dat wij en zij tot hetzelfde menselijke gezin behoren. Dat is heel moeilijk voor ons, vooral als we diep door iemand zijn gekwetst.

Dit is precies de reis die God Kaïn wilde laten maken. Kaïn zag Abel duidelijk als een bedreiging. Waarom zou hij hem anders op zo'n koelbloedige en gewelddadige manier om het leven hebben gebracht? Hij moet in zijn hart een diepe wrok jegens Abel gekoesterd hebben. Misschien had Kaïn het gevoel dat zijn ouders meer van Abel hielden dan van hem. Misschien was hij jaloers omdat Abel begaafder was en meer succes had. Misschien was hij op een of andere manier diep door Abel gekwetst. Wat de reden ook geweest mag zijn, Abel was Kaïns vijand geworden. Gods vraag daagde Kaïn ertoe uit Abel als zijn broer te zien.

Een ijzingwekkende legende probeert hetzelfde te zeggen.[3] Op een avond tijdens de middeleeuwen reden twee volledig bewapende strijders langs verschillende wegen; ze dachten elk dat er in de wijde omtrek helemaal niemand aanwezig was. Hun wegen kruisten elkaar en in de duisternis van het dichte woud kwamen ze tegenover elkaar te staan. Ze waren beiden verrast en elk interpreteerde de bewegingen van de ander als vijandige gebaren. Dus begonnen ze een gevecht, waarbij elk geloofde dat hij werd aangevallen en zichzelf

---

3. John Claypool, *Opening Blind Eyes* (Abingdon Press, 1983), p. 103.

moest verdedigen. Het gevecht werd steeds heviger, totdat één ridder erin slaagde de ander van zijn paard te stoten. Met een enorme krachtsinspanning dreef hij zijn lans door het hart van de gevallen man. Toen kwam hij van zijn paard af en tot zijn enorme afgrijzen herkende hij daar in het bleke maanlicht zijn broer. Hij had een familielid aangezien voor een vijand en hem gedood.

Kunnen we leren om onze vijand te zien als een broer of zus? Het verhaal van Kaïn en Abel herinnert ons eraan dat vernietiging het gevolg is als we elkaar als vijand blijven beschouwen. Maar wanneer we ervoor kiezen onze vijanden te zien als medemensen, kan precies het tegenovergestelde gaan gebeuren. De manier waarop we anderen willen zien maakt een enorm verschil voor de manier waarop we ons tegenover hen gedragen, vooral als ze onze vijanden zijn. We voelen meestal niet zo veel verantwoordelijkheid voor mensen die we niet mogen of zelfs haten. Maar als we er heel bewust voor kiezen de ander te zien als iemand die tot hetzelfde menselijke gezin behoort als wij, dan is de kans groter dat we hem of haar op een menselijke en respectvolle manier zullen behandelen.

Ben je het ermee eens dat we allemaal vijanden hebben? Soms hebben we er moeite mee om dat toe te geven. We willen graag geloven dat we echt van iedereen houden en dat iedereen van ons houdt. Dat is echter hoogst onwaarschijnlijk. De meesten van ons kennen mensen die ze niet mogen of die hen niet mogen. Vijanden zijn mensen tegenover wie we ons vijandig voelen, en die zich soms vijandig voelen tegenover ons. Je vijand kan zich binnen je eigen gezin of familie bevinden, zoals dat bij Kaïn het geval was. Door de vraag 'Waar is je broer?' nodigt God ons uit te erkennen dat we een verantwoordelijkheid hebben ten aanzien van die persoon. We zetten onze eerste stap naar erkenning van dat feit wanneer we onze vijand beginnen te zien als onze broer of zus.

Onze verantwoordelijkheid jegens de wereld in bredere zin

Ten derde nodigt deze vraag ons ertoe uit onze verantwoordelijkheid tegenover de wereld in bredere zin te erkennen. Misschien voel je je volkomen overweldigd door deze uitdaging. Heel snel denken of zeggen we dingen als: 'Ik ben maar een gewoon mens. Ik kan niets doen aan de grote problemen zoals corruptie en misdaad en werkloosheid en armoede en geweld en aids, die de samenhang van onze samenleving hier in Zuid-Afrika dreigen te verwoesten. Ik heb ze niet veroorzaakt en daarom hoef ik er ook niets aan te doen. Het is aan de regering om de situatie aan te pakken.' Klinkt dat je bekend in de oren?

Ik zal je een verhaal vertellen dat ons ertoe uitdaagt wat genuanceerder te gaan denken. Op 18 september 2002 werd een zesjarig meisje op brute wijze verkracht in de township Alexandra, in Johannesburg. Haar lichaam werd door de wrede aanval opengescheurd. Haar darmen en ingewanden hingen deels uit haar lichaam toen ze voor dood werd achtergelaten. Gelukkig werd ze gevonden en naar een ziekenhuis gebracht. De zusters noemden haar Lerato (wat 'liefde' betekent in het Sesotho). De dokter die haar behandelde, zei dat dit het meest afgrijselijke geval van kinderverkrachting was waarmee hij ooit was geconfronteerd in de dertig jaar dat hij arts was. Lerato heeft het overleefd. Maar geen enkel mens zal ooit weten wat voor innerlijk trauma en enorme angst zij heeft ervaren.

Haar verhaal raakte een goede vriend van me enorm. Samen met een groep mannen organiseerde hij een schuldbekentenismars voor mannen. Dit was een openbare mars voor God en de gemeenschap in Alexandra, waarmee men beleed wat mannen de vrouwen en kinderen in Zuid-Afrika hebben aangedaan. Bijna 350 mannen trokken jutezakken aan, bedekten zich met as, schreven de zonden van de mannen op karton dat aan houten kruisen werd gespijkerd, en droegen die zwijgend door de straten van Alexandra. Toen ze aankwamen bij de plek waar Lerato was verkracht, knielden ze neer in het stof en betoonden in het openbaar tegenover God en de gemeenschap hun berouw. Ze baden tot God om mannen te verlossen van hun zondigheid, om hen te genezen in hun gebrokenheid en om de natie te transformeren.[4]

---

4. Mijn vriend is Alexander Venter. Hij heeft ook het initiatief genomen voor een beweging die Men's Repentance March heet. Ik heb deze details omtrent Lerato ontleend aan literatuur die hij heeft geschreven.

Ik werd diep getroffen door de actie van mijn vriend. Zoals veel andere mannen had ook ik het verhaal over Lerato gelezen. Ook ik was vervuld van afschuw over wat er met haar was gebeurd. Maar verder ging mijn reactie niet. Mijn vriend ging een paar stappen verder. Hij wist dat dergelijk kwaad aan de kaak gesteld moest worden. Er moest iets gedaan worden om de aandacht te vestigen op de verdorvenheid die ons volk dreigt te verwoesten. Ook al had hij de zonde tegen Lerato niet persoonlijk begaan, hij was wel bereid op een bepaalde manier de verantwoordelijkheid te nemen voor de manier waarop mannen zich in dit land vaak gedragen tegenover vrouwen en kinderen. Hij had Gods vraag 'Waar is je broer?' verbonden aan zijn actie van identificatie en protest.

Ook ons stelt God deze zelfde vraag. Slechts weinig vragen zijn nóg relevanter tegen de achtergrond van onze getraumatiseerde samenleving. Ik geloof dat van alle verschrikkelijke zonden die ons samenleven teisteren, onverschilligheid de dodelijkste is. We willen niet betrokken raken bij het lijden dat ons omgeeft. We weigeren hoe dan ook de verantwoordelijkheid te dragen voor het kwaad dat in ons midden plaatsvindt. Misschien worden we wel geraakt door de pijn van mensen, zoals mij gebeurde toen ik het verhaal over Lerato las, maar we nemen liever geen stappen om in actie te komen tegen de bronnen van het kwaad. Dit zou echter kunnen veranderen als we bereid zijn op Gods vraag in te gaan, zoals mijn vriend deed.

Antwoord geven op Gods vraag

'Waar is je broer?' 'Waar is je zus?'

Wil je Gods vraag horen als een oproep om je verantwoordelijkheid jegens anderen onder ogen te zien?

Begin met de kring van je familie en vrienden. Terwijl zij verantwoordelijk zijn voor hun eigen keuzes, kun je nadenken over de manier waarop jij kunt bijdragen aan hun welzijn. Pas op dat jouw zorg geen aanmoediging is tot destructief gedrag. Dit kan gebeuren wanneer een kind of ouder worstelt met een bepaalde vorm van verslaving. Denk goed na over de manier waarop je hen probeert te helpen. Misschien moeten zij bepaalde pijnlijke gevolgen van hun daden ervaren om zo te gaan beseffen dat ze echt een probleem hebben.

Spreek met God over deze dingen en bespreek ze met anderen die je kunt vertrouwen, als je daar behoefte aan hebt.

Denk nu eens aan iemand die je als een vijand beschouwt. Dit kan iemand in je familie zijn, een buurman of buurvrouw, een collega, of iemand die je beschouwt als je onderdrukker of uitbuiter. Erken je gevoelens tegenover deze persoon en breng ze eerlijk voor God. Vraag God je te helpen om ervoor te gaan kiezen deze persoon op een nieuwe manier te zien. Hij of zij is niet alleen maar slecht en jij bent niet alleen maar goed. Bid dat je die ander als broer of zus in het menselijk gezin kunt accepteren. Zie met de ogen van je hart deze persoon als iemand die de le-

vensadem heeft ontvangen van de Schepper Die ook jou het le-
ven schonk. Laat je gedrag tegenover hem of haar beïnvloed wor-
den door je nieuwe manier van kijken.

Ten slotte kun je misschien nadenken over je verantwoordelijk-
heid tegenover de wereld. Je kunt natuurlijk niet de verant-
woordelijkheid nemen voor alle pijn en ellende en lijden die de
maatschappij in onze tijd doortrekken. Maar je kunt God vra-
gen: 'Heer, wie is de lijdende broer of zus die ik moet erkennen?
Naar welke noodkreet in mijn bredere gemeenschap moet ik luis-
teren? Waar roept U mij om in te gaan op de menselijke nood
om mij heen? Waar kan ik een bijdrage leveren aan het ge-
meenschappelijk welzijn door gebed en protest en praktisch be-
zig zijn?' Wanneer je mensen en plaatsen te binnen schieten,
spreek daar dan met God over.

God heeft één menselijk gezin waartoe we allemaal behoren.
Maar weinig vragen kunnen ons beter helpen over deze waarheid na te denken dan de vraag die God aan Kaïn stelde. Ik
geloof eigenlijk dat onze toekomst afhangt van de vraag of
we hierop ingaan of niet.

Vragen voor kleine groepen

1. Wat waren je gedachten en gevoelens toen je las over het
    voorval dat aan het begin van het hoofdstuk is beschre-
    ven?

2. Hoe bepaal je de reikwijdte en grenzen van je verantwoordelijkheid tegenover anderen?
3. Hoe reageer je op de uitdaging in het evangelie om vijanden te erkennen als broers en zussen in het menselijk gezin?
4. Hoe roept God je op dit moment om verantwoordelijkheid te nemen voor anderen?

3. Wat heb je daar in je hand?

Er is een schitterende christelijke legende die zegt dat God ieder mens naar de wereld stuurt met een bijzondere boodschap om over te brengen, met een bijzonder lied om voor anderen te zingen, met een speciale daad van liefde om weg te schenken. Niemand anders kan onze boodschap overbrengen, ons lied zingen of onze liefde geven. Alleen wij. Ik vind dat een mooie legende. Ze herinnert ons eraan dat ieder van ons iets waardevols te bieden heeft voor het leven op on ze wereld. Iets wat deze wereld tot een beter oord kan maken.[5]

Maar misschien worstel je wel met deze gedachte, vooral wanneer het gaat om het aanpakken van problemen in onze samenleving. Wanneer we kijken naar die dingen die heden ten dage zo veel menselijk lijden veroorzaken – zaken als armoede, aids, verslaving, misdaad, werkloosheid, ziekte, eenzaamheid, de lijst is bijna eindeloos – en wanneer we worden uitgedaagd om een wezenlijk verschil te maken, komen

---

5. Ik ben deze legende voor het eerst tegengekomen in de werken van John Powell.

we vaak met allerlei excuses aanzetten waarom we dat niet kunnen.

Onze excuses variëren nogal. Meestal hebben ze te maken met het gebrek aan capaciteiten of hulpmiddelen. We hebben de benodigde kwalificaties niet. We hebben niet genoeg geld. We hebben geen tijd. We beschikken niet over de benodigde vaardigheden. We hebben geen invloed van betekenis. We hebben geen adequate kennis. We hebben de benodigde energie niet. En gewapend met de een of andere reden rechtvaardigen we dus ons gebrek aan actie en proberen we te ontsnappen aan onze persoonlijke verantwoordelijkheid om te bouwen aan een betere wereld.

In veel opzichten zijn we net als die grote bijbelse figuur die Mozes heette. Misschien herinner je je het verhaal van het brandende braambos, toen God hem riep om de Hebreeën te bevrijden van hun onderdrukking. Voordat Mozes ja zei, probeerde hij met een hele waslijst aan excuses onder zijn roeping uit te komen. Ze klinken sterk, zoals de uitvluchten die wij soms bedenken wanneer God ons roept. Hier volgt mijn parafrase van zijn vijf uitvluchten. Herken je er iets van je eigen ervaringen in?

Ik ben niemand.
Ik weet niet genoeg over God.
En als ik de mist in ga?
Ik ben er niet geschikt voor.
Iemand anders zou het veel beter kunnen.

Te midden van al deze uitvluchten vraagt God aan Mozes: 'Wat heb je daar in je hand?'[6] Het is een vraag die erop gericht is Mozes te helpen erkennen dat hij al beschikt over alle middelen die hij nodig heeft om aan Gods roeping gehoor te geven. Op dat moment hield Mozes een staf vast. God wilde deze eenvoudige stok gebruiken om een volk te bevrijden. Wanneer we aan God ter beschikking stellen wat we in onze handen hebben, dan zullen we altijd verbaasd staan wat God ermee kan doen.

Wat heb jij op dit moment in je handen? God wil jou en wat je in je handen hebt gebruiken om deze wereld ten goede te veranderen. Misschien voel je je onzeker over wat je moet antwoorden. Mag ik stellen dat er drie dingen zijn die ieder van ons op dit moment in handen heeft? Ik zal het uitleggen.

Onze capaciteiten

We hebben allemaal bepaalde capaciteiten. Wat dat ook voor vaardigheden zijn – dingen zoals een bedrijf runnen, de computer gebruiken, projecten leiden, conflicten oplossen, met cijfers werken, geld beheren, sportcoach zijn, gastvrijheid bieden enzovoort – God kan ze gebruiken ten bate van het gemeenschappelijk welzijn. We moeten erkennen wat we goed doen, en dit investeren in Gods herstellende werk aan onze

---

6. Exodus 4:2.

gebroken wereld, zelfs als we geloven dat onze talenten nogal onbeduidend zijn.

Ik heb in mijn eigen leven moeten leren dat niets voor
God te klein is om te gebruiken. Sinds ik mijn leven aan God
heb gegeven, heb ik steeds een kanaal van Gods genezende
liefde willen zijn. Maar ik wist niet zo goed hoe dat tot stand
zou kunnen komen. Toen ik net in de twintig was, nam ik
deel aan een drie maanden durend trainingsprogramma over
leiderschap. Op een dag werd ons gevraagd in kleine groepen na te denken over elkaars leven en te zeggen wat we daar
waardevol aan vonden. De oefening begon goed. Iedereen
luisterde om de beurt naar wat hij of zij volgens de rest van
ons goed kon. Ik was de laatste. De groep zweeg een poosje.
Ten slotte verbrak iemand de stilte en zei: 'Trevor, ik vind
dat je goed kunt luisteren.'

Eerlijk gezegd was ik een beetje teleurgesteld. Mijn collega's hadden voor schijnbaar sterkere dingen bevestiging gekregen, zoals 'uitstekende communicatieve vaardigheden',
'kan goed delegeren', 'capaciteit voor visionair leiderschap'
en 'uitstekende leidinggevende kwaliteiten'. Ik moet bekennen dat het vermogen om goed te luisteren me in vergelijking daarmee nogal tam in de oren klonk.

Twee mensen in de groep moesten nog vertellen wat voor
indruk ze van mij hadden. Misschien zouden zij iets opmer-
ken wat opwindender was. De voorlaatste zei: 'Daar ben ik
het mee eens. Ik vind dat je heel goed kunt luisteren.'

In plaats van me bevestigd te voelen, voelde ik me juist

een beetje inzakken. Toen de laatste persoon hetzelfde zei, wilde ik me wel in een hoekje oprollen en doodgaan. Luisteren klonk nu eenmaal niet als een geweldige gave. Maar tot op de dag van vandaag herinner ik me nog die avond, waarop ik naast mijn bed neerknielde en God aanbood wat ik in mijn handen had. 'Lieve God, dank U wel dat ik het vermogen heb om goed te luisteren. Ik geef die gave aan U. Ik beloof U dat ik deze zo veel mogelijk zal ontwikkelen. Wilt U deze gave alstublieft gebruiken om een verschil te maken in het leven van anderen?' Nu ik erop terugkijk, ben ik diep ontroerd over de gelegenheden die God me geboden heeft om dit vermogen zinvol te gebruiken. Dat heeft een geweldige betekenis en waarde aan mijn leven gegeven.

Welke capaciteiten heb jij? Vergelijk ze alsjeblieft niet met die van anderen. Of je gaven nu groot of klein zijn, God heeft jou unieke gaven geschonken voor een specifiek doel. Je bezit al wat God wil gebruiken om anderen mee te zegenen. Bedank God dus veeleer voor jouw capaciteiten, neem je voor om deze verder te ontwikkelen en aan te wenden ten dienste van anderen. Wanneer we met moed en mededogen gebruiken wat we in handen hebben, beginnen we te bouwen aan een betere wereld voor alle mensen, ook als goed kunnen luisteren het enige is waar we echt in uitblinken!

Onze levenservaring

We hebben allemaal een stuk levenservaring. Natuurlijk verschilt deze levenservaring enorm van persoon tot persoon. Ze omvat meestal dingen zoals lessen die we geleerd hebben toen we opgroeiden, het werk dat we gedaan hebben, de fouten die we gemaakt hebben, de successen die we behaald hebben en, misschien wel het allerbelangrijkste vanuit Gods perspectief, de pijnlijke dingen waaronder we geleden hebben. Onze levenservaring vertegenwoordigt een enorm goed hulpmiddel dat God kan gebruiken om een lijdende wereld te helen. Zoals we uit vele bijbelverhalen leren, is de manier waarop God ons gebruikt vaak verbonden met de ups en downs die we hebben doorgemaakt.

We zien deze waarheid op levendige wijze geïllustreerd in het leven van Mozes. Vraag je je soms ook niet af waarom God hem had gekozen? Hij leek tenslotte een onwaarschijnlijke kandidaat voor de taak die God voor ogen had. Sinds hij een Egyptenaar had vermoord, was hij op de vlucht geweest. Veertig jaar lang had hij zich schuilgehouden in de woestijn, en voor schapen gezorgd. Dat staat niet echt geweldig op je cv. Er was vast wel iemand anders die geschikter was. Wanneer we echter iets dieper graven in Mozes' levenservaring, dan beginnen we in te zien waarom God hem riep.

Allereerst waren er de ervaringen uit zijn kinderjaren. Toen de farao de Hebreeuwse vroedvrouwen opdracht gaf om alle Joodse jongetjes die geboren werden te doden, verborg Mozes' moeder hem op de plek waar de dochter van de farao altijd ging baden. Mozes werd daar door de prinses gevonden. Vanaf dat moment groeide hij op in het gezin van de farao, met alle privileges die dat met zich meebracht. Hij ontving ongetwijfeld een uitstekende opleiding en verwierf als insider inzicht in de manier waarop macht werkte aan het hof van de farao. Bedenk maar eens hoe goed deze kennis hem later van pas kwam toen hij naar de farao ging en hem confronteerde met Gods eisen.

Daarna was er de ervaring die hij veertig jaar lang opdeed als herder in de woestijn. Bedenk maar eens hoeveel vaardigheden hij zich moet hebben eigen gemaakt om te kunnen overleven toen hij dit werk deed. Vaardigheden die op een dag van onschatbare waarde bleken, toen hij een soms koppig en onwillig volk door hetzelfde moeilijke gebied moest leiden. Vaardigheden die hij niet op een andere manier had kunnen leren dan door persoonlijke ervaring. Door zijn jarenlange verblijf onder de bedoeïenen, zo geeft Bruce Larson aan, kreeg Mozes een unieke training om de Israëlieten te leiden door een moorddadige en keiharde woestijn, die ongenadig was tegenover mensen of dieren.[7]

Ten derde was er de geestelijke voorbereiding die plaatsvond tijdens deze lange, eenzame jaren. Ik zal eerst uitleggen

---

7. Bruce Larson, *What God Wants to Know* (Harper Collins, 1993), p. 30.

wat ik daarmee bedoel. Schapen hoeden is altijd een eenzaam beroep geweest. Eenzaamheid en stilte, zo weten we, hebben de kracht om ons ingrijpend te transformeren. Ze verschaffen de ruimte voor persoonlijke reflectie, zelfonderzoek en een werkelijke ontmoeting met God. Te oordelen naar zijn reactie op het brandende braambos, vormde Mozes' levenservaring in dit opzicht geen uitzondering. Gedurende zijn tijd alleen in de woestijn lijkt hij duidelijk een heldere, geestelijke opmerkzaamheid ontwikkeld te hebben. Deze zou hem herhaaldelijk kracht geven in de moeilijke jaren die voor hem lagen.

Kun je nu zien hoe Mozes' levenservaring, van zijn kinderjaren tot zijn volwassenheid, hem voorbereidden op de bijzondere manier waarop God hem ging gebruiken?

Hetzelfde geldt voor jou en mij. Vanaf het moment dat we geboren werden, door alle moeilijkheden en spanningen van het opgroeien, de avonturen van onze jongvolwassen jaren, door alle verschillende klussen die we geklaard hebben, alle vreugden en zorgen die we gekend hebben, is God bezig geweest ons te vormen tot iemand die een verschil kan maken. Wat we echter moeten doen is God aanbieden wat we aan levenservaring hebben opgedaan.

Onze onbekwaamheid

We hebben allemaal onze ontoereikendheid. Daar hoeven we geen slecht gevoel over te hebben. De taken waartoe God ons roept, lijken ons soms misschien onmogelijk. Dat gold zeker voor Mozes. Stel je voor hoe hij zich gevoeld moet hebben toen God hem riep om de vrijlating van de Israëlitische slaven te eisen van een van de grootmachten van de antieke wereld. Totaal ongeschikt! Geen wonder dat hij zo veel uitvluchten zocht. Mozes herinnert ons er inderdaad aan dat een van de duidelijkste kenmerken van Gods roeping is dat we ons volkomen onbekwaam voelen.

Van belang is echter hoe we met onze onbekwaamheid wensen om te gaan. We hebben twee opties. We kunnen ons erdoor laten verlammen. Onze uitvluchten krijgen dan uiteindelijk het laatste woord. We kunnen ons ook door onze onbekwaamheid tot een diepere afhankelijkheid van God laten brengen. Dat is waar Mozes voor koos. Hij nam Gods belofte om met hem te zijn serieus en begon gehoor te geven aan Gods roeping, stap voor stap. Laten we besluiten om hetzelfde te doen.

Onlangs heb ik een retraite over de roeping van Mozes geleid. Terwijl ik me op de laatste bijeenkomst voorbereidde, heb ik dit gedicht geschreven. Het is gebaseerd op een ander gedicht dat ik jaren geleden heb gelezen, maar dat ik op dit moment niet kan achterhalen. Misschien kun je je ermee identificeren.

De Heer zei tot me – Ga
en ik zei – Wie, ik?
En God zei – Ja, jij!

Maar ik antwoordde:
    Ik voel me echt onbekwaam
    Ik heb de talenten niet
    Ik weet niet genoeg
En de Heer zei – Je zit uitvluchten te zoeken.

De Heer zei – Ga
En ik antwoordde:
    Maar wat gebeurt er als ik faal?
    Ik heb niet wat nodig is
    Wat zullen anderen zeggen?
    Stuur maar iemand anders!
En de Heer zei – Wring je toch niet in allerlei bochten!

De Heer zei – Ga
En ik zei:
    Maar ik ben alleen
    Wie zal me helpen?
    Het is veel te eng
En de Heer zei – Denk je dat Ik ver weg zal zijn?

En de Heer zei – Ga
en ik haalde mijn schouders op en zei:
    Oké Heer, U krijgt uw zin
    Hier ben ik
    Stuur me maar.

Antwoord geven op Gods vraag

Dus: wat heb je daar in je hand? Antwoorden op Gods vraag zou voor jou het begin van een opwindende reis kunnen betekenen. Denk er eens een moment over na. God wil de hulpmiddelen die je al in handen hebt gebruiken om hoop en genezing te brengen aan een lijdende wereld. Net zoals dat 3200 jaar geleden met Mozes gebeurde. Maar eerst moet je bereid zijn om over deze vraag met God in gesprek te gaan. Ben je er klaar voor?

Wees allereerst eerlijk tegenover God over een aantal uitvluchten die je zoekt wanneer je voelt dat God je roept om de wereld te verbeteren. Eerlijk naar je aversie kijken baant vaak de weg naar een diepere verbondenheid met God. Stel je voor dat God, als je dit eenmaal gedaan hebt, tegen je fluistert. 'Zoals Ik beloofde om met Mozes te zijn, zo beloof Ik ook om bij jou te zijn. Mijn aanwezigheid en kracht zullen je altijd ter beschikking staan. Geen enkele moeilijke ervaring kan jou van Mij scheiden. En wat je ook in je handen meebrengt, Ik zal het gebruiken.'

Met deze verzekering van Gods belofte, die naklinkt in je hart en hoofd, kun je met God spreken over wat je in je handen hebt en meebrengt. Benoem wat je goed kunt, dank daarvoor en bied het God aan. Denk na over de rijkdom van je levenservaring. Vertel God in het bijzonder over de pijn die je hebt doorgemaakt.

Daar vind je misschien de verborgen zaadjes van de belangrijke dingen die God voor jou te doen heeft. Spreek bovenal met God over je gevoelens van ontoereikendheid, want dit zal het terrein zijn waar je Gods kracht het meest zult ervaren als je op weg gaat naar waar God je heeft geroepen.

Ik wil je nog een laatste keer eraan herinneren dat God iets prachtigs voor jou te doen heeft op deze aarde. Net zoals die legende al suggereerde. Het doorgeven van die boodschap, het zingen van dat lied en het aanbieden van die daad van liefde zal je een diepe vervulling schenken. Het zal ook het leven van anderen verrijken. Moge het antwoorden op Gods vraag je helpen in te zien dat je reeds bezit wat je nodig hebt om deze legende realiteit te laten worden.

Vragen voor kleine groepen

1. Wat is je favoriete uitvlucht om te ontkomen aan de uitdaging om de wereld te verbeteren?
2. Noem een vaardigheid die anderen in jouw leven waarderen.
3. Beschrijf een rijkdom die je met anderen kunt delen vanwege jouw unieke levenservaring.
4. Hoe zou je door God gebruikt willen worden om een wezenlijk verschil te maken in onze wereld?

4. Hoe heet je?

Aan één leraar uit mijn schooltijd denk ik altijd met veel genegenheid terug. Hij heette meneer Vosloo. Hij was mijn meester in de vijfde klas en ook mijn rugbycoach. De reden waarom ik hem zo graag mocht, was dat hij iets deed wat nog geen enkele leraar tot op dat moment had gedaan. Het was iets heel eenvoudigs. Op een school waar we altijd alleen maar met onze achternaam werden aangesproken, was hij de eerste leraar die me met mijn voornaam aansprak. Op een dag toen hij ons op het rugbyveld aan het coachen was, riep hij naar me: 'Trevor!'

Onze naam is belangrijk. Sta daar eens even bij stil. We komen op de wereld zonder naam. Onze naam is het eerste geschenk dat we ontvangen van onze ouders. Deze naam is vaak met veel zorg en aandacht uitgekozen. We houden die naam tot aan onze dood, en zelfs daarna voor altijd. Via onze naam worden we herkend en bemind en herinnerd. Misschien worden we daarom graag met naam en al begroet. Dat was zeker de reden waarom mijn jonge hart meer dan 45 jaar geleden zo enorm blij was op dat rugbyveld.

In de cultuur van de bijbelse tijd waren namen nog veel belangrijker. Een naam was niet slechts een manier om mensen aan te spreken, wat het algemene doel is waar deze vandaag de dag voor dient. Namen werden gegeven om het wezen van iemands karakter te beschrijven. Ze waren ook symbolisch voor de hoop en verwachtingen en dromen die ouders voor hun kinderen koesterden. Je naam was een beschrijving van wie je was en van wat je bestemming was. Niet zo gek dus dat in de oudheid het geven van een naam aan hun kind een van de belangrijkste dingen was die ouders konden doen.

Houd deze gedachten over het belang van namen in je achterhoofd als we de volgende vraag van God bekijken. Deze komt uit een heel bekende periode in het leven van een beroemde oudtestamentische persoon, die Jakob heette. Je kunt het verhaal lezen in Genesis 32. Jakob was op weg naar huis; hem wachtte de ontmoeting met zijn broer Esau, van wie hij al twintig jaar lang vervreemd was. De laatste keer dat hij Esau had gezien was toen hij hem via een leugen zijn zegen had ontfutseld en Esau had gezworen hem te zullen doden. Toen hij hoorde dat Esau hem tegemoetkwam met vierhonderd gewapende mannen, was hij erg bang. Jakob stuurde zijn familieleden vooruit en daalde alleen af naar de rivier de Jabbok. Daar, zo wordt ons verteld, worstelde hij de hele nacht met God. Uiteindelijk vroeg God hem: 'Hoe heet je?'[8]

---

8. Genesis 32:27.

Toen Jakob deze vraag beantwoordde, ervoer hij een wonder van diepe innerlijke verandering. Een schrijver heeft dit moment aan de oever van de rivier Jakobs bekeringservaring genoemd.[9] Het was het moment waarop hij eerlijk onder ogen zag wie hij was, Gods zegen ervoer en door dat hele proces steeds meer een man van God werd. Aangezien onze geloofsreis altijd bestaat uit vele bekeringservaringen, moeten wij ons ook met deze vraag bezighouden. Dat kan ons helpen om eerlijk te kijken naar wie we zijn, en om de zegen van God te ontvangen. Jij en ik kunnen er zeker van zijn dat dit ons zal helpen de persoon te worden die God wil dat we zijn. We zullen zelfs, net als Jakob, een nieuwe naam krijgen die Gods wil en doel voor ons leven zal aangeven.

Onder ogen zien wie we zijn

Het wonder van diepe innerlijke verandering vereist altijd dat we eerlijk naar onszelf kijken. We zien dit heel duidelijk in het leven van Jakob. De Hebreeuwse betekenis van de naam Jakob was 'bedrieger' of 'misleider'. Heel letterlijk betekende zijn naam 'iemand in de hiel bijten'. Jakob deed zijn naam zeker eer aan. Hij bedroog zijn vader. Hij bedroog zijn broer. Hij bedroog zijn schoonvader. Hij leidde een leven van bedrog en misleiding. De verandering begon zich pas te

---

9. R. Paul Stevens, *Down to Earth Spirituality* (Intervarsity Press, 2003).

voltrekken toen hij Gods vraag 'Hoe heet je?' eerlijk onder ogen begon te zien, toen hij eerlijk bezag wie hij werkelijk was.

Dat was niet gemakkelijk voor Jakob. Meer dan twintig jaar lang had hij het gebruiken van zijn eigen naam bewust vermeden. In Genesis kun je de details van zijn verhaal lezen. Toen hij op een keer gebraden geitenvlees naar zijn vader bracht, deed hij alsof hij zijn broer was. Hij deed de kleren van zijn broer aan, bedekte zijn armen en nek met geitenhaar en zei tegen zijn vader, die blind was: 'Ik ben Esau.' Op een ander moment, toen hij de vrouw van zijn dromen ontmoette bij de bron, stelde hij zich voor als 'een familielid van haar vader en een zoon van Rebekka'. Hij had er blijkbaar veel moeite mee om zijn eigen naam te gebruiken. Dit lijkt een symbolische beschrijving van Jakobs diepe worsteling om zichzelf met al zijn gebreken te accepteren.

Kun je nu begrijpen hoe belangrijk het voor Jakob was om Gods vraag te beantwoorden? Toen hij tegen God zei: 'Ik heet Jakob,' erkende hij wie hij was en wat er van hem geworden was. Hij werd voor het eerst eerlijk tegenover zichzelf en tegenover God. Hij werd echt. Hij deed niet meer alsof hij Esau-in-vermomming was, of slechts de zoon van zijn moeder. Hij begon nu te erkennen wie hij geweest was en wat hij gedaan had. Hij was Jakob – degene die zijn broer had bedrogen, zijn vader had misleid en zijn schoonvader om de tuin had geleid. Het was een moment van radicale eerlijkheid tegenover zichzelf en dat baande de weg voor God om hem een nieuwe naam te geven.

Jakob herinnert ons eraan dat we, als we echt innerlijke verandering willen ervaren, aan God moeten vertellen wie we werkelijk zijn. God kan ons moeilijk veranderen als we niet bereid zijn te laten zien wie we ten diepste zijn. En we moeten vooral in Gods aanwezigheid die aspecten van ons leven erkennen die het meest aan verandering toe zijn – onze boosheid en angsten, onze kritische kant, ons roddelen, onze vooroordelen, onze oneerlijkheid en ons bedrog, onze zondige verlangens en verslavingen enzovoort. God stormt nooit ons leven binnen met de transformerende kracht van de Geest. Hij confronteert ons met een vraag die ons uitdaagt om volledig eerlijk en echt te worden. God vraagt ons: 'Hoe heet je?'

Gods zegen ervaren

Wanneer we eerlijk naar onszelf kijken, ervaren we Gods zegen. De God van de Bijbel vindt het heerlijk om ons te zegenen. Deze zegeningen komen op heel verschillende en soms verrassende manieren. Ze zijn vaak verbonden met wat we het hardst nodig hebben. Soms zegent God ons met de gave van vergeving, of met een diepe bevestiging van onze waarde, of met een nieuwe vervulling van goddelijke kracht, of met een hernieuwd besef dat we erbij horen, of met een nieuw bewustzijn van Gods Geest. Al deze zegeningen – en er zijn er nog meer – dragen bij aan het wonder van innerlijke verandering. Voordat we deze echter kunnen ontvangen, moeten we aan God vertellen wie we zijn en wat we gedaan hebben. We moeten God vertellen hoe we heten.

We kunnen zien hoe dit werkt in Jakobs relatie met God. Stap eens binnen in zijn levensverhaal. Wanneer we hem in Genesis 32 ontmoeten, wordt ons verteld dat hij bang en bezorgd is. Zijn verleden vol bedrog heeft hem ingehaald. Voor het eerst sinds lange tijd is hij alleen en hij daalt af naar de rivier de Jabbok. Daar worstelt hij met een geheimzinnige vreemdeling, van wie hij later ontdekt dat het God is. Midden in deze worsteling zien we een belangrijk gesprek plaatsvinden tussen hem en God. Eerst roept Jakob uit: 'Ik laat U niet gaan tenzij U mij zegent.' Onmiddellijk reageert God: 'Hoe heet je?'

Zie je wat hier gebeurt? Jakob zit in een crisis. Hij weet dat het in Gods aard ligt om te zegenen en hij heeft die zegen dringend nodig. De kreet waarmee hij om Gods zegen vraagt, is hartstochtelijk, wanhopig en dringend. Maar God zegent hem niet meteen. Voordat dit kan plaatsvinden wil God zijn naam weten. Jakob moet open en eerlijk bekennen wie hij is en wat hij heeft gedaan.

Hier ligt een duidelijke boodschap voor degenen onder ons die zich in een crisis bevinden en Gods zegen nodig hebben. We moeten God vertellen hoe we heten. We hebben al ontdekt wat dit betekent. Het houdt in dat we God vertellen wie we werkelijk zijn en wat we gedaan hebben. Meestal willen we liever dat onze relatie met God andersom werkt. Net zoals Jakob willen we Gods naam weten. Vaak betekent dit dat we een tamme God willen die we voor ons eigen karretje kunnen spannen. We willen niet dat God te verrassend, te onvoorspelbaar of te ongebonden is. Evenmin willen we Hem al te veel details verstrekken over de rotzooi in ons leven. Maar dat is niet de manier waarop God werkt. Als we werkelijk willen dat God ons zegent, dan moeten we bereid zijn eerlijk tegenover onszelf te zijn.

Dit gebeurde enkele weken geleden met iemand uit onze gemeente. Hij kwam naar me toe omdat, naar zijn eigen zeggen, zijn leven op instorten stond. Hij had een leven van ontrouw, prostitutie en drugsgebruik geleid. Uiteindelijk was dat alles hem opgebroken. Hij had Gods zegen dringend nodig. Ik vroeg hem naar huis te gaan en een overzicht te maken van alles wat hij gedaan had. Toen we weer bij elkaar kwamen, vroeg ik hem om deze lijst in Gods aanwezigheid voor te lezen. We bespraken hoe hij goed zou kunnen maken wat hij gedaan had. Toen legde ik mijn handen op zijn hoofd en bad God om hem te zegenen met de gaven van vergeving en een nieuw begin. Sinds dat moment heb ik hem een paar keer gezien. Hoewel hij nog steeds te maken heeft met de gevolgen van zijn daden, is er toch een prachtige nieuwheid over hem gekomen. Hij heeft Gods zegen ervaren.

Het wonder van de innerlijke verandering omvat nog één aspect. Sommigen zeggen dat dit het belangrijkste is; het is in ieder geval het mooiste. Het is dit: God geeft jou en mij een nieuwe naam. Wanneer we tegenover God eerlijk naar onszelf kijken, krijgen we altijd een nieuwe identiteit, en wie weet wat voor andere zegeningen nog meer. Deze nieuwe identiteit zegt ons dat God een nieuwe toekomst voor ons heeft, wie we ook zijn en wat we ook gedaan hebben. We worden niet voor altijd bepaald door onze zonden en mislukkingen uit het verleden. Zoals iemand ooit tegen me zei: 'Trevor, een nieuwe naam kan een nieuw mens van je maken.'

We zijn getuige van de kracht van een nieuwe naam in het leven van Jakob. Laten we nog een laatste keer teruggaan naar zijn verhaal. Toen Jakob zijn eigen naam tegenover God erkende, zei God tegen hem: 'Je naam zal niet langer Jakob zijn, maar Israël.' In die tijd had de naam Israël een aantal krachtige betekenissen. Door Jakob de naam Israël te geven zei God eigenlijk tegen hem: 'Je bent niet langer Jakob de bedrieger, de misleider, degene die altijd om de zaak heen draait. Van nu af aan ben je Israël, degene in wie God regeert, degene wiens leven nu verbonden is met Gods bedoelingen, degene die in staat is moeilijke dingen onder ogen te zien.'

Verbazingwekkend genoeg deed Jakob zijn nieuwe naam meteen eer aan. We zien hem nooit meer bedriegen of misleiden. Een nieuwe nederigheid was over hem gekomen. Toen hij ten slotte oog in oog stond met zijn broer, boog hij zeven keer voor hem, en verzoenden ze zich eindelijk met elkaar na al die jaren. Ook had hij nieuwe moed gekregen. Hij was bereid om Esau zelf te ontmoeten, in plaats van anderen te sturen. Jakob was niet langer een escapist; hij was veranderd van iemand die altijd de moeilijke zaken probeerde te omzeilen in iemand die bereid was de dingen onder ogen te zien. Zijn nieuwe naam had hem de kracht gegeven om op een nieuwe manier te leven.

Maar wellicht wil je vragen: 'Hoe kom ik erachter wat mijn nieuwe naam is?' We kunnen Jakobs ervaring daar bij de rivier de Jabbok natuurlijk niet fysiek nadoen. Niettemin heeft God een nieuwe naam voor ieder van ons. Deze nieuwe naam herinnert ons eraan wie we werkelijk zijn, wie we toebehoren en wat onze werkelijke roeping is. Deze naam zit verstopt in een paar woorden die eeuwen na het leven van Jakob geschreven zijn, door iemand die heel dicht bij Jezus stond. Luister er zorgvuldig naar. 'Bedenk toch hoe groot de liefde is die de Vader ons heeft geschonken! Wij worden kinderen van God genoemd en dat zijn we ook!'[10]

We zijn geliefden van God. Dat is onze werkelijke naam, onze diepste identiteit, onze goddelijke roeping. Sommige mensen die deze woorden lezen, vinden dit misschien ontzettend moeilijk te geloven. Daar kunnen heel veel redenen

---

10. 1 Johannes 3:1.

voor zijn. Misschien worstelen we met een negatief zelfbeeld. Misschien worstelen we met een gering gevoel van eigenwaarde en weinig zelfrespect. Of we hebben het gevoel dat we te erg gezondigd hebben om Gods liefde nog waard te zijn. Of het zou kunnen zijn dat we vanwege een vreselijke en oneerlijke tragedie geloven dat God tegen ons is. Maar de waarheid van het evangelie is dat ieder van ons intens wordt bemind, aanvaard en vergeven door God in Jezus Christus. Al vanaf het begin van de tijd zijn we Gods beminden.

Als je het moeilijk vindt om God jou zijn geliefde te horen noemen, kan ik je uitnodigen om deze eenvoudige gebedsoefening te doen. Het is een oefening die mij heeft geholpen op die donkere momenten wanneer ik worstelde om mezelf te zien als iemand die intens door God wordt bemind. Het gaat als volgt: neem wat tijd om alleen te zijn met God. Vraag Gods Geest om met je te zijn en je te verzekeren van je nieuwe naam, 'Gods beminde'. Stel je voor dat je knielt voor Jezus' kruis. Terwijl je naar Hem kijkt, ziet Hij jou ook en fluistert de woorden: 'Je bent Gods beminde. Kijk naar dit kruis. Kijk hoezeer je bemind, aanvaard en vergeven wordt. Je naam staat geschreven in het bloed van mijn gekruisigde handen.'

Gods vraag beantwoorden

Hoe heet je? Zoals we gezien hebben, nodigt Gods vraag ons uit om eerlijk naar onszelf te kijken. Dat is maar zelden gemakkelijk. Het kost vaak een rigoureus zelfonderzoek, een radicale eerlijkheid tegenover onszelf en stevig nadenken over de manier waarop we geleefd hebben. De waarheid omtrent onszelf aan God vertellen kan een van de moeilijkste dingen zijn die we ooit doen. Als het je te moeilijk in de oren klinkt, laat me je dan een eenvoudig woord van bemoediging meegeven. Eerlijk worden tegenover onszelf en worstelen met deze dingen tegenover God opent ons leven voor de ongelooflijke diepten van Gods genade en aanvaarding en kracht, zoals maar weinig andere dingen dat kunnen.

We beginnen op een diepere manier te ervaren dat we bemind worden.

Je zou Gods vraag op de volgende manier kunnen gaan beantwoorden:

Vraag God om de Jakob die in je leeft te onthullen. Met andere woorden: vraag God licht te werpen op die momenten waarop je de mensen om je heen bewust bedriegt. Momenten waarop je doet alsof je iemand bent die je niet bent. Momenten waarop je moeilijke vragen probeert te omzeilen in plaats van ze onder ogen te zien. Momenten waarop je anderen probeert te manipuleren. Aan God vertellen hoe je heet, houdt in dat je Hem de waarheid vertelt over zaken als deze en bereid bent met God te worstelen totdat je zijn zegen ontvangt.

Bedenk ook dat God je wil zegenen. Wees niet te verlegen om Hem om deze zegen te vragen. Maak Jakobs gebed tot jouw eigen gebed: 'Ik laat U niet gaan, tenzij U mij zegent.' Probeer zo open mogelijk te zijn wat betreft de aard van Gods zegen. We weten meestal niet hoe Gods zegen eruit zal gaan zien. Ook al is God betrouwbaar en kun je van Hem op aan, er zit altijd een verrassende onvoorspelbaarheid in de manier waarop God met ons omgaat. Dus verwacht dat God je zal gaan zegenen, zodat jij een zegen kunt worden voor de mensen om je heen.

Luister bovenal naar de fluistering van de Geest diep binnen in je, die je vertelt dat je Gods beminde bent. Probeer de gebedsoefening die in het vorige gedeelte samengevat is. Kom in gedachten voor de gekruisigde Jezus. Laat het kruis de diepte en reikwijdte van Gods persoonlijke liefde voor jou tonen. Zie hoe het licht van Gods liefde op dit moment naar jou toestroomt. Eis je nieuwe naam op als de kernwaarheid van je bestaan. Vanaf je allereerste begin heeft God je liefgehad met de liefde van Jezus Christus die je nooit, maar dan ook nooit zal loslaten. Weet dat en leef!

Vragen voor kleine groepen

1. Wat vind je van je eigen naam?
2. Op welke manieren kun je je met Jakob identificeren?
3. Met welke innerlijke verandering zou je door God gezegend willen worden?
4. Wat betekent het voor jou dat je nieuwe naam 'Gods beminde' is?

58

5. Wat doe je hier?

Het was een angstaanjagend moment. Onlangs zat ik vast in een file op de drukke snelweg N12 naar Johannesburg. Ik zette de radio aan en hoorde dat er een paar kilometer verderop een vrachtwagen was gekanteld. Het zou minstens een paar uur gaan duren voor de weg weer vrij zou zijn. Om het allemaal nog erger te maken herinnerde een knipperend lichtje op mijn dashboard me eraan dat ik nog maar weinig benzine had. Er was geen mogelijkheid om van de snelweg af te komen, en het vooruitzicht om zonder benzine te komen zitten werd dan ook plotseling een zeer reële en angstaanjagende mogelijkheid.

Toen dit gebeurde, bleek het allemaal gelukkig aardig goed af te lopen. Ze konden de snelweg sneller vrij maken dan verwacht. Ik nam de eerstvolgende afslag en zocht mijn weg naar het dichtstbijzijnde benzinestation. Terwijl de medewerker de lege tank van mijn auto liet vollopen, nam ik het besluit om ervoor te zorgen dat ik nooit meer in zo'n benarde situatie zou terechtkomen. Voordat ik aan een reis begon, ook al was het maar een korte rit naar Johannesburg, zou ik ervoor zorgen dat ik genoeg brandstof had. Dat klinkt natuurlijk heel logisch, maar ik had deze zenuwslopende ervaring nodig om die les er goed ingehamerd te krijgen.

Deze ervaring dient als een handige gelijkenis. Wanneer we op de snelweg van het leven rijden, zijn er tijden waarin we een ernstig risico lopen om zonder brandstof te komen zitten. Met andere woorden: soms leven we zo dat we kwetsbaar worden voor uitputting, of voor de crisis die we tegenwoordig burn-out noemen. Gelukkig hebben we waarschuwingslichtjes die gaan branden wanneer onze spirituele en emotionele reserves dreigen op te raken. Als we deze herkennen, kunnen we aandacht schenken aan de manier waarop we leven, kunnen we ons realiseren wat ons uitput en kunnen we ervoor zorgen dat onze energiebronnen regelmatig worden bijgevuld.

Wat zijn deze waarschuwingslichtjes precies? Er zijn er veel: we hebben misschien moeite met slapen of hebben geen interesse meer in voedsel. We kunnen voortdurend hoofdpijn hebben. We ervaren een chronische vermoeidheid die niet verholpen kan worden door slaap of gewone rust. Misschien worstelen we met storingen in de spijsvertering en krijgen we last van onze ingewanden. Misschien vertonen we vaak abnormaal gedrag, zoals uitbarstingen van woede of wrok of zelfmedelijden. Gaat er momenteel bij jou wel eens een van die lichtjes knipperen? Als dat zo is, dan wil je misschien wel samen met mij nadenken over Elia's ervaring van uitputting en burn-out, en de vraag die midden in deze crisis tot hem kwam.

Je vindt dit gedeelte van het verhaal over Elia in de hoofdstukken 18 en 19 van het eerste boek Koningen. Daar kun je lezen over een periode in zijn leven waarin alles tot stilstand kwam en hij wegliep, diep de woestijn in. In een eenzame grot vroeg God aan hem: 'Wat doe je hier, Elia?'[11] Interessant genoeg baande de crisis in Elia's leven, samen met de vraag die God hem stelde, voor hem de weg naar een aantal nieuwe mogelijkheden. Laten we zijn ervaring eens bekijken en zien wat we daarvan kunnen leren. Als je je momenteel in eenzelfde situatie van uitputting en burn-out bevindt, kan de ervaring van Elia ook jou nieuwe mogelijkheden voor jezelf laten zien.

Een gelegenheid om te stoppen

Enkele jaren geleden leerde ik mijn twee kinderen autorijden. Ik kan me onze eerste lessen nog goed herinneren. Bij beide gelegenheden zei ik tegen hen, toen we in de auto stapten: 'Het eerste wat je over deze auto moet weten is hoe je moet remmen.' Natuurlijk zijn er voor een chauffeur veel spectaculairdere vaardigheden te ontwikkelen dan een auto tot stilstand brengen, maar slechts weinige daarvan zijn belangrijker dan deze basisvaardigheid. Stel je maar eens een

---

11. 1 Koningen 19:13.

chauffeur op de snelweg voor, die alle expertise en vaardigheid en snelheid bezit, maar die niet kan stoppen. Stel je voor wat er zou gebeuren. Uiteindelijk zou de chauffeur zo vermoeid raken dat hij of zij waarschijnlijk achter het stuur in slaap valt en een ernstig ongeluk krijgt!

Precies hetzelfde principe is van toepassing op ons dagelijks leven. Terwijl we langs de snelweg van het leven rijden, hebben we vele vaardigheden nodig. We moeten leren hoe we moeten communiceren, hoe we met anderen moeten omgaan, hoe we moeten plannen, delegeren en strategieën ontwikkelen, hoe we onze kinderen moeten opvoeden, hoe we ons werk doeltreffend kunnen uitvoeren enzovoort. Toch is er een basisvaardigheid die de essentie van al deze dingen vormt. Dat is de kunst van het stoppen. Als we dit niet leren, zullen ook wij uiteindelijk een ongeluk krijgen en op de een of andere manier opgebrand raken.

Er zijn veel goede redenen om te stoppen. Stoppen geeft ons de tijd om nieuwe energie op te doen en onze emotionele en spirituele hulpbronnen weer aan te vullen. Het verschaft ons de tijd waarin we tot onszelf kunnen komen, kunnen ontspannen en vanbinnen rustiger kunnen worden. Het is bijna onmogelijk om diep over ons leven na te denken wanneer we voortdurend op volle snelheid leven. Voordat we het beseffen, doen we alles op de automatische piloot en rennen we zonder al te veel nadenken van de ene activiteit naar de andere. Een poosje stoppen geeft ons echter oog voor de destructieve leefpatronen die ons leven over de door God gestelde grenzen heen duwen, en leert ons vervolgens duidelijke keuzes te maken om op een gezondere en constructievere manier te leven.

Een van de weinige goede dingen van het ervaren van uitputting en burn-out is dat dit ons dwingt stil te staan. We kunnen dit zeker in deze periode van crisis in het leven van Elia zien gebeuren. Toen hij zich verschool in een grot, ervoer hij de heilzame werking van het stoppen. Hij werd rustig en kon luisteren naar wat God tegen hem probeerde te zeggen. Hij kreeg nieuwe energie. En veel belangrijker nog: hij was in staat lang en indringend te kijken naar de vraag die God hem stelde: 'Wat doe je hier?' Hij kon zich openstellen voor God en Hem vertellen over de gebeurtenissen en ervaringen die zijn leven gemaakt hadden tot wat het op dat moment was.

Het kan heel goed zijn om te controleren of je kunt stoppen, nog voordat je in een zelfde soort uitputting terechtkomt als Elia. Je kunt dat nu meteen al doen, zoals ik dat deed terwijl ik dit hoofdstuk aan het schrijven was. Waarom stop je niet even om de volgende vijf minuten helemaal niets te doen? Blijf gewoon stil zitten. Word je bewust van je ademhaling en let op wat er in je lichaam gebeurt. Soms kan alleen de poging om dat te doen al veel aan het licht brengen. We ontdekken dat we het heel moeilijk vinden om gewoon stil te zitten en aanwezig te zijn voor God en voor onszelf. Bedenk dat dit helemaal niet onbeduidend is. Leren stoppen kan ons ervoor behoeden dat we keihard onderuitgaan!

Wanneer we eenmaal geleerd hebben om te stoppen, dan kunnen we beginnen te luisteren naar God. Elia moest dit zelf op een harde manier ontdekken. Toen hij wegliep en zich verborg in de grot op de berg Horeb, bracht hij zichzelf gelukkig in een positie waarin hij God kon horen. Belangwekkend genoeg sprak God, toen Hij zich tot de uitgeputte profeet richtte, niet tot hem door de geweldige wind, de heftige aardbeving of het laaiende vuur. Maar we lezen dat de stem van God tot hem kwam als het 'gefluister van een zachte bries'.[12] Toen Elia het hoorde, besefte hij dat hij zich moest richten op wat God tegen hem probeerde te zeggen. We lezen dat hij zijn mantel over zijn gezicht trok, naar buiten liep en daar bij de ingang van de grot stond en probeerde te luisteren. Toen vroeg een rustige stem hem: 'Wat doe je hier, Elia?'

Naar God luisteren betekent dat we dichterbij komen, zodat we de goddelijke fluistering kunnen horen. Onlangs hoorde ik een verhaal dat deze waarheid illustreert.[13] Een jonge man maakte een heel moeilijke tijd door. Hij wist niet waar hij heen moest, en daarom wendde hij zich tot een oude predikant voor advies. Hij ijsbeerde door de studeerkamer

---

12. 1 Koningen 19:12.
13. Mike Endicott vertelt dit verhaal in zijn boek *Let Healing Flow* (Terra Nova Publishers, 2001), p. 110.

van de predikant en ging tekeer over zijn probleem. 'Ik heb God gesmeekt iets tegen me te zeggen en me zo te helpen. Zeg me toch, meneer, waarom antwoordt God niet?' De oude dominee, die aan de andere kant van de kamer zat, zei iets als antwoord, zo zachtjes dat het nauwelijks hoorbaar was. De jonge man liep naar de andere kant van de kamer. 'Wat zei u?' vroeg hij. De oude man herhaalde zijn woorden, maar sprak weer heel zacht. De jonge man kwam nog dichterbij, totdat hij op de stoel van de oude man leunde. 'Sorry,' zei hij, 'ik kan u nog steeds niet verstaan.' Met hun hoofden dicht bij elkaar fluisterde de oude man nogmaals.

'God spreekt soms zo zacht,' zei hij, 'dat we dichterbij moeten komen om de goddelijke fluistering te horen.' Deze keer verstond de jongeman het wel en begreep hij wat de oude man hem duidelijk wilde maken.

Wanneer we in een periode van uitputting of burn-out zitten, worden we meestal gedwongen de tijd en de ruimte te zoeken om dichter tot God te naderen. Dat is goed, omdat God, zoals Elia's ervaring ons leert, er meestal de voorkeur aan geeft om rustig te spreken, als een zachte fluistering. Hier is een belangrijke reden voor, zoals het verhaal van de dominee en de jonge man laat zien. Niets vangt onze aandacht beter dan een fluistertoon. Gods rustige, zachte stem betekent dat we veel dichterbij moeten komen en veel stiller moeten worden, als we willen horen wat God tegen ons fluistert.

Er is geen betere gelegenheid voor ons om vaart te minderen en te luisteren, dan wanneer we moe en afgemat zijn.

Misschien vraag je je af hoe de goddelijke fluistering tot ons komt. Gods fluistering komt meestal tot ons in de vorm van een opmerkelijke gedachte. Gedachten die door God zijn beïnvloed kenmerken zich vaak door een bepaald gevoel. Ze zetten ons ertoe aan om liefdevolle dingen, en geen destructieve dingen te doen. Ze voeren ons in de richting van een creatiever leven. Ze nodigen ons uit om beter voor onszelf te zorgen. Ze beschuldigen of veroordelen niet, maar stimuleren ons vaak in de richting van een betere en positievere manier van handelen. Ze brengen ons tot een levenswandel die dichter bij God blijft. De goddelijke fluistering in onze gedachten leren onderscheiden kan een van de grootste avonturen in ons leven worden. Maar net als Elia moeten we stilstaan en luisteren.

Een gelegenheid om Gods perspectief te ontdekken

Wanneer we uitgeput en opgebrand zijn, is het ook erg gemakkelijk om alle perspectief kwijt te raken. De gevolgen daarvan kunnen dodelijk zijn. Negatieve gedachten en gevoelens gaan ons dan beheersen. Zelfs al hebben we het op vele terreinen in ons leven prima gedaan, toch beginnen we onszelf als een mislukking te beschouwen. We worden blind voor alle positieve dingen die er wellicht in ons leven zijn. We raken ons gevoel van eigenwaarde kwijt en beginnen ons af te vragen of ons leven wel enig nut heeft. We beginnen te geloven dat we helemaal niets kunnen veranderen aan de situatie waarin we ons bevinden. Diep vanbinnen krijgen we misschien het gevoel dat God ons niet meer kan gebruiken. Soms willen we misschien zelfs een einde aan ons eigen leven maken.

Elia ervoer zeker veel van deze dingen. Toen God hem vroeg: 'Wat doe je hier, Elia?' bekeek de profeet zijn leven door een heel donkere bril. 'Ik heb er genoeg van, Heer,' zei hij. 'Neem mijn leven maar. Ik ben geen haar beter dan mijn voorouders.'[14] Elia had het gevoel dat hij als enige nog over was aan Gods kant en dat zijn vroegere bondgenoten hem wilden vermoorden. Een diep gevoel van mislukking had zijn hele denken doortrokken, hem van al zijn energie beroofd en hem laten zitten met een gevoel van volkomen uitputting. Zie je de destructieve gevolgen van het kwijtraken van je perspectief?

Maar God zag Elia vanuit een ander perspectief. In de daaropvolgende dialoog maakte God hem duidelijk dat Hij nog steeds werk voor de profeet te doen had. Elia moest terugkeren naar Israël en nieuwe leiders gaan werven. Vanuit Gods gezichtspunt hadden Elia's mislukkingen hem op geen enkele manier ongeschikt gemaakt om door God gebruikt te worden. God zei ook tegen Elia dat niet iedereen het geloof had losgelaten, want er waren in Israël nog zevenduizend mensen overgebleven die hun knieën niet gebogen hadden voor de heidense god Baäl. In feite zei God tegen Elia: 'Wat

---

14. 1 Koningen 19:4,10.

doe je hier, Elia? Bekijk de dingen eens vanuit een nieuw perspectief. Je werk is nog niet af. Ik heb nog steeds vertrouwen in je. Ik wil je gebruiken.'

In onze tijden van uitputting en burn-out moeten we altijd een keuze maken. We kunnen ervoor kiezen ons leven te evalueren naar de gangbare menselijke maatstaven, maar we kunnen er ook voor kiezen om de dingen op Gods manier te zien. Een paar simpele vragen kunnen ons helpen om het grote verschil tussen deze twee perspectieven te zien. Roept God ons op om succesvol te zijn, of om trouw te zijn? Is God meer geïnteresseerd in kwantiteit of in kwaliteit? Bekijkt God zaken op de korte termijn of op de lange termijn? Maakt God zich drukker om dingen of om mensen? Wanneer we deze vragen bekijken in het licht van Gods gesprek met Elia, dan liggen de antwoorden voor de hand. Steeds weer geeft de tweede optie Gods perspectief weer.

Misschien kun je je op dit moment wel identificeren met Elia zoals hij daar in die grot zat. Wil je die vraag 'Wat doe je daar?' horen als een uitdaging om de dingen te gaan zien vanuit Gods perspectief? Ik weet nog hoe ik dat enkele jaren geleden gedaan heb. Een paar mensen in wie ik veel tijd, energie en inspanning had geïnvesteerd, besloten de gemeente waarvan ik voorganger was te verlaten. Bijna van de ene op de andere dag werd ik overweldigd door een gevoel van intense vermoeidheid en mislukking. Ik merkte dat ik het gebed van Elia meevoelde: 'Ik heb er genoeg van, Heer!' Ik nam een dag vrij om alleen te zijn met God. Toen ik door Gods ogen begon te kijken naar wat er gebeurd was, ging de situatie er langzamerhand wat minder naargeestig uitzien. De volgende dag kon ik weer naar mijn werk, met veel meer energie en meer hoop. Ik hoop dat ook jij Gods perspectief kunt ontdekken in wat je doormaakt.

Antwoord geven op Gods vraag

'Wat doe je hier?' Omdat ik ervan uitga dat je misschien iets doormaakt wat vergelijkbaar is met wat Elia ervoer, kan ik je uitnodigen om aan God te vertellen hoe je terechtgekomen bent waar je je nu bevindt. Misschien zijn er gebeurtenissen en ervaringen geweest die je een dreun gegeven hebben of je hebben uitgeput. Misschien zijn er teleurstellingen en mislukkingen geweest die je van je energie beroofd hebben. Misschien zijn er factoren in je leven die het moeilijk voor je maken om stil te staan en stil te zijn.

Spreek met God over deze dingen en wees dan stil en probeer te horen wat God je wellicht door deze dingen heen wil zeggen.

De vraag daagt ons, net als vroeger Elia, uit om Gods bredere perspectief op wat er in ons leven gaande is te ontdekken. Herinner jezelf eraan wat dit betekent. Bedenk dat vanuit Gods gezichtspunt sommige dingen belangrijker zijn dan andere. Trouw doet er meer toe dan succes, kwaliteit gaat boven kwantiteit, de lange termijn is belangrijker dan de korte termijn en mensen gaan altijd vóór dingen.

Spreek, terwijl je je eigen leven door Gods ogen beziet, met God over die momenten waarop je hebt toegelaten dat druk van buitenaf en het gangbare menselijke perspectief je leven meer bepaalden dan Gods perspectief. Wat zou het voor je inhouden vanuit een ander perspectief naar deze dingen te kijken?

In zijn parafrase van de Bijbel, *The Message*, geeft Eugene Peterson ons een schitterende interpretatie van Jezus' uitnodiging in het evangelie van Matteüs aan allen die uitgeput en opgebrand zijn.

Het gaat als volgt: 'Ben je moe? Afgemat? Afgeketst op religie? Kom bij mij. Ga mee met mij en je zult je leven terugvinden. Ik zal je laten zien hoe je werkelijk kunt uitrusten. Wandel en werk met mij – kijk maar hoe ik het doe. Leer de ongedwongen ritmen van de genade. Ik zal je niets zwaars opleggen en evenmin iets wat niet bij je past. Verkeer in mijn gezelschap en je zult leren om vrij en licht te leven.'[15]

Hier vinden we het echte tegengif voor onze vermoeidheid. Reageer vandaag nog vanuit je hart op deze uitnodiging en ontdek de rust die God je wil schenken terwijl je over de snelweg van het leven reist.

---

15. Matteüs 11:18-30 (*The Message*).

Vragen voor kleine groepen

1. Heb je ooit uitputting of de crisis van een burn-out mee-gemaakt? Hoe was dat? Wat waren jouw 'waarschu-wingslampjes'?
2. Wanneer neem je de tijd om stil te staan?
3. Hoe spreekt God tot je? Hoe weet je dat het God is Die spreekt?
4. Wat zou het voor jou betekenen om vanuit Gods per-spectief naar je huidige leven te kijken?

6. Wat zoek je?

Een paar dagen voor Kerst vorig jaar ging ik naar het nabijgelegen East Rand winkelcentrum om wat cadeautjes te kopen. Terwijl ik in de rij stond om af te rekenen, liep er een echtpaar uit mijn gemeente langs me heen. Ze duwden allebei een karretje voor zich uit met spullen die ze net hadden gekocht. Omdat ik veronderstelde dat ze voor die dag klaar waren met inkopen doen, zei ik dat ze vast wel opgelucht waren dat ze nu naar huis konden. Ik ben het antwoord dat ik kreeg nog steeds niet vergeten: 'Nee,' zei de echtgenoot nogal vermoeid, 'we hebben nog steeds niet gevonden wat we zochten.'

Zijn antwoord doet me denken aan ons rusteloze hart. We zijn voortdurend iets aan het zoeken, aan het najagen, aan het willen. Iets meer, groter dan onszelf, wat we op het moment niet bezitten. Iets wat ons gelukkiger zal maken, wat ons leven meer inhoud zal geven, ons gevoel dat we belangrijk zijn zal verdiepen. Het lijkt wel of we altijd op zoek zijn naar iets wat ons in staat zal stellen een vollediger, gelukkiger en vrijer leven te leiden.

Helaas lijkt ons leven vaak op dat echtpaar dat ik in het winkelcentrum tegenkwam. We lopen heen en weer langs alle schappen van het leven, en duwen karretjes voort die overvol zitten met goede dingen, maar we hebben nog steeds niet gevonden waar we eigenlijk naar verlangen.

Belangwekkend genoeg sluit Jezus' eerste vraag in de evangeliën aan op deze zoektocht. Stel je even de achtergrond voor waartegen Hij deze vraag stelde. Johannes de Doper was met twee van zijn discipelen in gesprek. Terwijl ze samen dingen bespraken, kwam Jezus voorbij. Johannes wees op Hem en riep uit: 'Zie het lam Gods.' Geïntrigeerd door deze beschrijving van de vreemdeling die voorbijkwam, begonnen de twee discipelen Jezus te volgen. Plotseling bleef Hij staan, draaide zich om en vroeg hun: 'Wat zoeken jullie?'[16]

Stel je voor hoe deze vraag deze twee personen getroffen moet hebben. Hier zijn ze, blijkbaar op zoek naar iets wat in hun leven ontbreekt. Jezus vraagt hun wat ze eigenlijk zoeken. Het was een rechtstreekse vraag met verschillende betekenislagen. Allereerst zette deze vraag de discipelen ertoe aan om naar hun hart te luisteren. De vraag daagde hen ook uit om te ontdekken waar ze het meest naar verlangden. Maar de vraag nodigde hen vooral uit om te vragen om datgene wat ze graag wilden hebben. Het was ongetwijfeld een vraag die een innerlijke reis in gang zette, die hun leven uiteindelijk zou veranderen.

---

16. Johannes 1:38 (*Groot Nieuws*).

Er zit nog een belangrijk element in dit verhaal waarop je moet letten. We krijgen alleen de naam te horen van een van de discipelen die bij Johannes de Doper stonden. Hij was Andreas, de broer van Simon Petrus. De naam van de andere discipel wordt niet genoemd. Sommige geleerden hebben geopperd dat het wellicht de evangelist zelf was. Maar het ontbreken van een naam zou ook op iets anders kunnen duiden. Misschien is dit bedoeld, zoals Jean Vanier aangeeft, om ieder van ons uit te nodigen zich te identificeren met de discipel zonder naam.[17] Met andere woorden: we mogen allemaal op de vraag reageren alsof deze aan ons persoonlijk werd gesteld. Dus laten we eens onderzoeken wat deze voor ons leven van vandaag te betekenen heeft. De vraag moet ons leven ten goede veranderen, zoals dat ook het geval was voor de mensen aan wie Jezus de vraag het eerst stelde.

Naar Jezus luisteren

Het eerste waartoe Jezus' vraag ons aanzet, is het luisteren naar ons eigen hart. Wat bedoel ik daarmee? Het woord 'hart' komt meer dan 850 keer voor in de Hebreeuwse Bijbel. Het verwijst niet naar ons fysieke hart. Het is een metafoor die het diepe centrum van ons leven aanduidt, de kern van onze persoonlijkheid, de persoon die we werkelijk zijn. Wan-

---

17. Jean Vanier, *Drawn into the Mystery of Jesus through the Gospel of John* (Paulist Press, 2004), p. 41.

neer we zeggen dat iemand zijn of haar hart bij ons heeft uit-
gestort of zijn gevoelens met ons heeft gedeeld, dan betekent
dit dat we toegang gekregen hebben tot de heiligste en ge-
heimste diepten van wie deze persoon is. Wanneer we dus
naar ons hart luisteren, proberen we nauwkeurig aandacht te
besteden aan onze diepste verlangens en wensen.

Dit is iets wat maar weinigen van ons doen. We vermij-
den het vaak om aan deze innerlijke zoektocht te beginnen.
We bedenken daar allerlei uitvluchten voor. We zeggen dat
we geen tijd hebben, of dat we ons hart niet kunnen vertrouwen, of dat het tijdsverspilling is, of dat we niet weten
hoe we het moeten aanpakken, dat het te pijnlijk is of te sen-
timenteel, of we denken dat ons redeneren een betere lei-
draad voor het leven vormt... De lijst is bijna eindeloos.

Wat voor excuus jij en ik ook hebben, het gevolg is altijd
hetzelfde: we missen de gelegenheid om dieper in ons hart te
kijken.

De gevolgen daarvan zijn droevig. Ik weet dit uit eigen
ervaring en door meer dan dertig jaar luisteren naar de innerlijke verlangens die mensen in hun leven koesteren. Wanneer we doof zijn voor de roep van ons eigen hart, misleiden
we onszelf vreselijk. We beroven onszelf van een leven dat
gekenmerkt wordt door diepte, verwondering en passie. We
lopen de ervaring van prachtige, intieme relaties met elkaar
en met God mis. In plaats daarvan merken we dat we oppervlakkig leven – we zijn druk, maar bereiken niets wat werkelijk belangrijk is. Het is dus niet verwonderlijk dat we, on-

danks ons uiterlijk succesvolle en welvarende leven, onszelf soms horen zeggen: 'Ik heb nog steeds niet gevonden waar ik naar op zoek ben.'

Wil je toelaten dat Jezus' vraag 'Wat zoek je?' je dieper in je eigen hart binnenvoert? Op het eerste gezicht is het misschien niet zo simpel om je weg te vinden. Vooral als je al heel lang aan de oppervlakte van de dingen leeft. Misschien heb je wat hulp nodig bij deze reis naar de innerlijke wereld van je verlangens en wensen. Je zult zeker stilte en ruimte nodig hebben. Misschien vind je de eenvoudige oefening in het gedeelte hierna wel zinvol. Dus lees verder! Wat voor inspanning er ook voor nodig is, wees ervan verzekerd dat het de moeite waard is. Vraag het maar aan die twee zoekers in het evangelie van Johannes – Jezus' vraag veranderde de richting van hun leven volledig.

Ontdekken waar we het meest naar verlangen

Het tweede waartoe deze vraag ons uitdaagt, is om te gaan ontdekken waar we het meest naar verlangen. Dit is niet zo simpel als het klinkt. Probeer deze vraag maar eens voor jezelf te beantwoorden. Het is vaak erg moeilijk om duidelijk te reageren.

Het is niet zo gemakkelijk om de woorden te vinden om onze diepste verlangens uit te drukken. Dit is misschien de reden waarom de discipelen zo'n schijnbaar oppervlakkig antwoord gaven toen hun voor het eerst werd gevraagd wat ze wilden. Hun onmiddellijke reactie was: 'Rabbi, waar logeert u?'[18] Niettemin nam Jezus hun antwoord serieus en nodigde hen uit om wat tijd met Hem door te brengen.

Een reden waarom het zo moeilijk is om te weten wat we het allerliefste willen, is dat we zo veel verlangens hebben. Sommige zijn nogal oppervlakkig, zoals 'ik zou heel graag een nieuwe auto willen'. Andere zijn veel dieper, en komen soms van pijnlijke plekken diep in ons hart. Ik denk aan een kinderloos echtpaar dat naar een baby verlangt, een alleengaande die graag een partner zou willen hebben, een zieke die hoopt beter te worden. Soms botsen onze verlangens met elkaar. Een deel van me wil graag schrijven, maar een ander deel van me zou graag naar buiten willen, om door de tuin te lopen en lekker te relaxen. Het is niet gemakkelijk om te weten welk verlangen ik op dit moment moet volgen.

Hoe ontdekken we dan waar we het meest naar verlangen? Ik zal je vertellen over een oefening die ik zelf zinvol vind.[19] Stel je voor dat je bent overleden en iemand een 'in memoriam' schrijft voor je begrafenis. De oefening houdt in dat je een 'in memoriam' schrijft voor jezelf – niet een 'in memoriam' zoals je waarschijnlijk zult krijgen, maar wat je graag zou willen dat mensen op je begrafenis over je zeggen. Laat je verbeelding de vrije loop. Je hoeft niet aan anderen

---

18. Johannes 1:38.
19. Ik kwam deze oefening voor het eerst tegen in *God In All Things* (Hodder & Stoughton, 2004), p. 86.

te laten zien wat je hebt opgeschreven. Zorg ervoor dat je op papier zet wat je echt graag wilt dat er over jou gezegd wordt. Wees er zeker van dat jouw 'in memoriam' inzicht geeft in de diepste verlangens die op dit moment in je leven.

Ik deed deze oefening enkele jaren geleden voor het eerst. Ik heb er een aantal dingen van geleerd, maar één daarvan sprong er echt uit. Er kwam uit naar voren dat veel van mijn dagelijks leven heel gemakkelijk op een zijspoor terecht kan komen door relatief oppervlakkige verlangens. Om wat preciezer te zijn – en dat is een bekentenis – kan al mijn aandacht soms worden opgeslokt door zorgen als: hoe kom ik op anderen over, hoe kan ik aardig gevonden worden door de mensen om me heen, hoe kan ik mezelf proberen te bewijzen? Dit lijkt allemaal zo overduidelijk dom nu ik het opschrijf. Geen van deze dingen maakten deel uit van het 'in memoriam' dat ik voor mezelf wenste. Ze weerspiegelden de diepste verlangens van mijn hart totaal niet.

Voor het geval je deze oefening zelf ook wilt doen, volgen hier wat vragen. Neem tijd om erover na te denken. De vragen zijn bedoeld om je aan het denken te zetten over het 'in memoriam' dat je het liefste zou willen krijgen.

Zou je graag herinnerd willen worden als iemand die intens liefhad, of als iemand die zelfzuchtig en egoïstisch was? Als iemand die eerlijk was, of als iemand die vol bedrog zat? Als iemand die gul was, of als een gierigaard? Als iemand die met mededogen reageerde op mensen in nood, of als iemand die nergens om gaf? Als iemand die het leven liefhad en elk moment koesterde, of als iemand die altijd liep te klagen?

Bedenk dat deze vragen niet gaan over hoe je momenteel leeft, maar over wat je het liefste zou willen voor je leven.

Vragen om wat we graag willen

Het derde waartoe deze vraag ons uitnodigt, is te vragen om wat we graag willen. Degenen die hun reis met God serieus nemen, worden soms door deze uitnodiging verrast. Dat was zeker het geval met mij, toen ik er voor het eerst over na-dacht. Worden we tenslotte niet geacht aan de kant te schui-ven wat we graag willen? Kunnen we niet beter proberen erachter te komen wat God wil dat we doen? Leerde Jezus ons niet bidden: 'Uw wil geschiede, op aarde zoals in de he-mel'? Welk verband kan er bestaan tussen onze verlangens en Gods wil? Zijn deze twee niet altijd met elkaar in strijd? Dat zijn belangrijke vragen, die zorgvuldige overweging ver-dienen.

Hier is een analogie om ons aan het denken te zetten.[20] Stel je een paar voor dat gaat trouwen. Ze hebben hun ge-loften opgeschreven voor de trouwdienst. De bruidegom zegt tegen zijn bruid: 'Je bent de vreugde van mijn hart en ik houd van je met mijn hele wezen. Maar je moet wel begrijpen dat je van nu af aan niet van me kunt verwachten dat ik ook

---

20. Idem, p. 74.

maar enige interesse opbreng voor jouw wensen en verlangens. Daarom moet, tot de dood ons scheidt, jouw geluk daarin bestaan dat je je met volledige toewijding onderwerpt aan mijn wil en niet denkt aan de jouwe.' Hoe zou de bruid reageren? Niet zo heel positief, denk ik.

Veel mensen geloven dat God is zoals deze bruidegom. Maar ons bijbelverhaal laat een heel ander beeld van God zien.

Toen Jezus aan de discipelen vroeg wat ze zochten, liet zijn vraag eens en voor altijd zien dat God betrokken is bij en geïnteresseerd is in onze verlangens. God wil duidelijk niet dat we onze verlangens negeren, opzijschuiven of doden. Precies het tegenovergestelde is waar. God wil dat we luisteren naar de verlangens van ons hart en dat we er vriendschap mee sluiten, ze begrijpen en dan vragen om wat we willen. Wat onze verlangens ook mogen zijn, God is werkelijk geïnteresseerd. Wat een heel ander beeld van God is dit dan het beeld van de veeleisende bruidegom, dat we hiervoor geschetst hebben!

Dit betekent niet dat God ons gewoon zal geven waar we om vragen. Niet al onze wensen geven uiting aan de werkelijke verlangens die in ons hart leven. Sommige ervan zijn zelfzuchtig en nogal oppervlakkig. Als God ze zou inwilligen, zouden we nooit de diepere verlangens ontdekken die daarachter schuilgaan. Andere wensen kunnen heel destructief zijn. Als ze geuit werden, zouden ze veel pijn kunnen veroorzaken.

Niettemin moeten we ze allemaal open voor God neerleggen. Alleen dan kan God ons het licht geven om het gezonde van het ongezonde te scheiden.

De afgelopen paar jaar heb ik iets meer geleerd over het cruciale verschil tussen gezonde en ongezonde verlangens. Ongezonde verlangens maken onze wereld kleiner. Ze isoleren ons van andere mensen. Ze trekken ons bij God vandaan. Ze willen ons tot slaaf maken. Ze verleiden ons tot destructieve verbintenissen. Gezonde verlangens daarentegen verbreden onze horizon. Ze verbinden ons op een positieve manier met anderen. Ze trekken ons dichter tot God. Ze nodigen ons uit om te spreken over Gods droom voor de wereld. Belangrijker nog: wanneer we deze volgen, ervaren we dat we op nieuwe en opwindende manieren tot leven komen. We komen tot leven in onszelf, in onze relaties, en merken Gods aanwezigheid in en om ons heen op.

Gods vraag beantwoorden

Wat zoek je? Jezus was zich heel goed bewust van de krachtige rol die onze verlangens in ons leven spelen. Sta daar eens een moment bij stil. Onze verlangens geven mede vorm aan wie we worden. Ze geven ons de energie om onze dromen en doelen na te streven. Ze beïnvloeden onze beslissingen. Soms staan we zelfs toe dat onze wil tot slaaf van een verlangen wordt. Als dat gebeurt en het verlangen is slecht, dan kunnen de gevolgen desastreus zijn. Onze verlangens kunnen ons leven geven of ons kapotmaken. Het is dus niet verwonderlijk dat Jezus ons uitnodigt om naar ons hart te luisteren.

Een goede manier om daarmee te beginnen is om wat tijd ongestoord met God door te brengen en na te denken over je eigen verlangens. Wat wil je het allerliefst? Waar zoek je naar in de jaren die nog voor je liggen? Wat wil je nog met je leven doen? Wat voor persoon wil je worden voordat je sterft? Wat voor leven wil je leiden? Kom alsjeblieft niet te snel tot een conclusie wat je antwoorden betreft. Soms is beginnen met de meer oppervlakkige verlangens de manier om met onze diepere verlangens in contact te komen, waarna we kunnen proberen te onderscheiden wat eronder en erachter ligt.

Spreek over je gedachten met God en vraag Hem je te helpen ze te onderzoeken. Het is handig als je er een stuk papier bij pakt en ze opschrijft. Probeer niet om ze met je eigen slimheid en inzicht te onderzoeken. Soms is het moeilijk voor ons om het kaf van het koren te onderscheiden. Wees eerlijk. Je kunt gewoon tegen God zeggen: 'Heer, hier zijn mijn verlangens. Laat me alstublieft zien welke uw hart weerspiegelen en welke niet. Help me om me af te wenden van verlangens die destructief zijn en geef me de moed om de verlangens na te volgen die me echt tot leven zullen brengen.' Door de tijd heen zul je ervaren dat God je het licht geeft dat je nodig hebt om dat onderscheid te maken.

In een van de psalmen worden we eraan herinnerd dat God

ons de wensen van ons hart schenkt.[21] Niet de oppervlakkige die schreeuwen om onmiddellijke vervulling. Niet de destructieve die ons op allerlei manieren gevangen houden. Niet de slechte die ons toestaan mensen te gebruiken voor onze eigen zelfzuchtige doelen. Maar de verlangens die uit het diepste van onszelf komen. Die zijn door God ingegeven, door God in ons hart gelegd, en ze weerspiegelen Gods wil voor ons leven. Als we deze nastreven, brengen ze ons tot een leven van overvloed. Moge de Geest van God ons leiden naar deze constructieve verlangens.

Vragen voor kleine groepen

1. Waar zou je jezelf momenteel plaatsen op een schaal waar 1 'zeer rusteloos' aangeeft en 10 'uitermate tevreden' betekent?
2. Hoe zou je op je begrafenis herdacht willen worden?
3. Hoe kom je achter het verschil tussen gezonde en ongezonde verlangens in je leven?
4. Waar zoek je op dit moment naar?

---

21. Psalm 37:4.

7. Wie zeg jij dat Ik ben?

Heb je ooit een van de evangeliën in één keer uitgelezen? Dat is zeker de moeite waard. Er zitten enkele grote voordelen aan. Je leert Jezus beter kennen. Je ziet duidelijker hoe zijn leven zich door de verschillende fasen heen ontvouwde. Je ontwikkelt een dieper inzicht in wat Hij onderwees en waar Hij voor stond. Je merkt op hoe vaak Hij de tijd nam om bij zijn Vader te zijn, vooral op belangrijke momenten in zijn leven. In een notendop: aan Jezus en het verhaal van het evangelie ga je dingen zien die je gemakkelijk mist wanneer je steeds maar een paar verzen leest. Ik zal je een voorbeeld geven.

Als je ervoor gaat zitten en het hele Marcusevangelie doorleest, is er één ding dat meteen opvalt. Het kan je moeilijk ontgaan: dit evangelie bestaat duidelijk uit twee delen. Er zijn zestien hoofdstukken. De eerste acht zitten vol leven, ze staan bol van energie en actie. Jezus trekt van dorp tot dorp en spreekt over het goede nieuws van Gods beschikbaarheid, bevrijdt mensen die door het kwaad gevangen worden gehouden, geneest de zieken, voedt de hongerigen, brengt stormen en zeeën tot bedaren, vertelt gelijkenissen – kortom: Hij beleeft een echt vruchtbare periode in zijn bediening. Halverwege het achtste hoofdstuk begint de sfeer echter te veranderen. Je kunt het bijna voelen. De sfeer wordt gespannener en dreigender. Er hangt gevaar in de lucht. Jezus begint over lijden te spreken. Hij vertelt zijn discipelen dat het niet gemakkelijk zal zijn om Hem te volgen. Hij benadrukt herhaaldelijk dat Hij zal sterven, maar ook weer zal opstaan. Een bijbelgeleerde, die stilstaat bij deze abrupte ommekeer in de sfeer in het evangelie, zegt het als volgt: 'De laatste acht hoofdstukken van het evangelie worden gedomineerd door gesprekken over de dood.' Inderdaad is het contrast met de eerste acht hoofdstukken heel treffend.

Bij dit keerpunt staat een vraag die door Jezus wordt gesteld centraal. Hij had zijn discipelen meegenomen naar Caesarea Filippi, in een streek in het noorden van Israël op de hellingen van de berg Hermon, dicht bij de bron van de rivier de Jordaan. Het lijkt erop dat Hij alleen met hen wilde zijn, ver weg van de mensenmassa's. Hij moest met hen praten over een mogelijk explosieve kwestie. Wie dachten zij, zijn naaste metgezellen, dat Hij was? Ze hadden zijn wonderen gezien, naar zijn onderricht geluisterd, zijn gezelschap ervaren. Maar wat geloofden ze ten aanzien van Hem? Dat was de brandende vraag: 'Wie zeggen jullie dat Ik ben?'

Deze vraag raakt een heel relevante snaar. We leven in een tijd waarin veel mensen gefascineerd zijn door de persoon van Jezus. Er zijn de afgelopen dertig jaar meer boeken over Hem geschreven dan in alle voorgaande eeuwen. Films zoals 'The Passion' zijn kaskrakers geworden. Geleerden voeren verhitte debatten over de authenticiteit van zijn woorden en daden zoals ze in de vier evangeliën staan opgetekend. Zelfs mensen die niets met Hem te maken willen hebben gebruiken zijn naam als ze vloeken! Het is moeilijk om ten opzichte van Hem neutraal te blijven. Geen wonder dat onze reactie op de vraag 'Wie zeg jij dat Ik ben?' ons leven meer bepaalt dan ons antwoord op elke andere willekeurige vraag. Laten we eens wat tijd nemen om er zelf mee te worstelen.

Met Jezus optrekken in de evangeliën

De vier evangeliën zijn de beste uitvalsbasis om te gaan onderzoeken wie Jezus is. Zonder deze vier boeken zou het bijna onmogelijk zijn om iets over Hem te weten. Bijna elke regel van deze boeken heeft de kracht om ons tot diepere kennis van de persoon van Jezus te brengen. De wetenschap dat dit eerlijke, geestelijke gidsen zijn, heeft door de eeuwen heen serieuze zoekers aangespoord om voortdurend te mediteren over de persoon van Jezus zoals Hij ons in de evangeliën wordt geopenbaard. Zoals de openingsalinea al aangaf, heb ik ernaar gestreefd deze oude adviezen serieus te nemen. Vaak moedig ik degenen die meer over Jezus willen weten aan met slechts één enkele zin: 'Trek maar met Jezus op in de evangeliën.'

Mocht je dat willen doen, dan volgt hier een eenvoudige

oefening. Reserveer wat tijd, een paar uurtjes of zo, om een evangelie in één keer helemaal door te lezen. Het kan zinvol zijn om dit enkele keren te doen. Terwijl je leest, trek je met Jezus op. Je vangt een glimp op van zijn relatie met God, die Hij 'Abba Vader' noemde. Wees getuige van de diepe intimiteit en verbondenheid tussen Hem en de Vader. Let op de manier waarop Hij met mensen omgaat, vooral met hen die aan de rand van de samenleving staan – de belastingambtenaren, de prostituees, de melaatsen enzovoort. Luister naar de woorden die Hij spreekt en de boodschap die Hij brengt. Onderzoek de manier waarop Hij de wereld ziet. Let op wat Hij doet en de manier waarop Hij het doet. Hoe reageer jij op Hem? Al ongeveer dertig jaar lang probeer ik dit te doen. Ik heb intens geworsteld met de vraag: 'Wie zeg jij dat Ik ben?' Ik ben Jezus gaan zien als de meest levendige, bewuste en verantwoordelijke mens die ooit geleefd heeft. Ik ben zijn sterven gaan erkennen als een onthulling van het antwoord van de liefde op het kwaad. Ik ben gaan beseffen dat er na de kruisiging iets buitengewoons moet zijn gebeurd, waardoor zijn bange en bedroefde discipelen zijn veranderd in vrijmoedige getuigen, die bereid waren om voor hun geloof te sterven. Dat deze mens Jezus volledig mens was, een van ons, en tegelijkertijd God in het vlees. Of, om het eenvoudiger te zeggen: ik ben gaan geloven dat Hij de Enige is.

Misschien worstel je met mijn nogal exclusieve bewering over wie Jezus is. Ik hoor je zeggen: 'Er zijn natuurlijk heel veel geestelijke leidslieden die het evenzeer waard zijn om nagevolgd te worden.' Wanneer ik zo word uitgedaagd, reageer ik meestal met een verhaal dat me werd verteld door Dallas Willard, een van de toonaangevende denkers in de hedendaagse wereld van de filosofie. Op een dag vroeg een student aan een prestigieuze Amerikaanse universiteit hem: 'Professor, waarom bent u als intelligent, weldenkend en goed opgeleid man een volgeling van Jezus?' In zijn karakteristieke eenvoud reageerde Dallas met een wedervraag. 'Zeg me maar eens wie je anders in gedachten had,' vroeg hij de nieuwsgierige student.

Dit was niet spottend bedoeld; in feite zei Dallas: 'Vertel me maar in wie jij gelooft en laten we dan een eerlijke vergelijking maken. Als wat jij gelooft beter is dan wat ik in Jezus ben gaan zien, dan ben ik bereid om mijn denken te veranderen.' Het punt is dat we, wanneer we Jezus intens leren kennen, zullen ontdekken dat Hij de beste is vergeleken met alle anderen. Ik heb ook andere leraren en wegen onderzocht, en ook al hebben ze beslist veel te bieden, ze halen het niet bij wat ik in zo veel wezenlijke opzichten in Jezus heb gevonden. Ik ben heel duidelijk over wat Jezus voor mij betekent. Hij is de beste en de grootste. Hij is voor mij de Enige.

Persoonlijke kennis van Jezus ontwikkelen

Optrekken met Jezus in de evangeliën is van essentieel belang om erachter te komen wie Hij is. Maar dit moet in balans blijven met een ander soort kennis. Ik zal uitleggen wat ik bedoel. Wanneer we de evangeliën steeds opnieuw lezen, dan leren we over Jezus. We maken kennis met zijn woorden en daden. We krijgen te horen over zijn dood en opstanding. We verzamelen wat we historische kennis zouden kunnen noemen. Maar toch weten we misschien nog steeds niet wie Jezus werkelijk is. We hebben ook een ander soort kennis nodig – persoonlijke kennis van wie Hij is, vanuit onze ervaring van Hem. Deze beide soorten kennis zijn belangrijk wanneer het erom gaat de persoon van Jezus te leren kennen.

Een simpel voorbeeld kan ons verder helpen. Ik ben al 27 jaar getrouwd met Debbie. Er zijn veel mensen in de gemeenschap waarin we leven die iets over haar weten. Deze mensen hebben een bepaalde 'historische' kennis van haar. Ze weten hoe ze eruitziet, wat ze doet, waar ze lesgeeft, welke kleding ze draagt, hoe ze haar haar doet en nog wat andere uiterlijke dingen. Maar ze kennen haar niet zo intiem als ik haar ken. Ze hebben de diepte van haar liefde, de omvang van haar vergeving, haar meedogenloze eerlijkheid en haar vertrouwen op God nooit zo ervaren als ik. Dit zijn dingen die mij duidelijk zijn geworden door mijn relatie met haar. Ze vormen mijn 'persoonlijke' kennis van haar, een kostbaar geschenk dat me gegeven is, in al die jaren dat ik haar steeds beter heb leren kennen. Dit soort kennis gaat veel dieper.

Als het gaat over het leren kennen van Jezus hebben we ook deze beide soorten kennis nodig – historische en persoonlijke. Beide zijn van wezenlijk belang. De eerste soort kennis is vooral afkomstig uit onze onderdompeling in de evangelieverhalen. De tweede soort is een diepere kennis die we opdoen wanneer we onszelf aan Hem overgeven en Hem beginnen te volgen. We zullen er niet achter komen wie Jezus werkelijk is wanneer we deze beide soorten kennis niet bij elkaar brengen. Dat is een proces dat niet van de ene op de andere dag plaatsvindt. Zoals het intiem leren kennen van een andere mens tijd vergt, zal ook dit een leven lang – en misschien nog wel langer – duren.

Kun je nu begrijpen waarom het christelijke geloof een radicale overgave van onszelf aan Jezus behelst? Jezus roept ons ook vandaag nog om zijn discipelen te worden. Hij nodigt ons uit om vandaag nog te zeggen: 'Heer Jezus, ik heb in de evangeliën over U gelezen. Ik ben gaan inzien dat U iets heel bijzonders hebt, dat er iets heel bijzonders is aan de manier waarop U bent gestorven en vandaag de dag weer leeft, ondanks die dood. Nu wil ik het verhaal over U in de evangeliën samenbrengen met het verhaal van mijn leven. Ik wil U persoonlijk leren kennen, binnen de specifieke context van mijn eigen ervaring en relaties en gemeenschap. Dus geef ik me onvoorwaardelijk aan U.'

Misschien worstel je ermee om jezelf zo over te geven. Forceer jezelf niet verder dan datgene wat je kunt overgeven. Weet dat je hierin niet alleen staat. Het is al moeilijk genoeg om jezelf te geven aan iemand die je kunt zien, laat staan aan iemand die je niet kunt zien. Werkelijke overgave komt maar zelden zonder slag of stoot tot stand. Het gebeurt meestal geleidelijk, dag voor dag, terwijl we leren vertrouwen op de liefde van Christus, die we in de evangeliën hebben gezien. Hoe moeilijk het ook is om onszelf aan Christus toe te vertrouwen, alleen binnen zo'n persoonlijke relatie zullen we vanuit onze eigen ervaring gaan ontdekken hoe Hij werkelijk is. Ben je bereid om aan deze reis van overgave en vertrouwen te beginnen?

Jezus ervaren als je persoonlijke metgezel

Er gebeurt nog iets anders wanneer we onszelf aan Jezus geven. In de kracht van zijn geest stapt Hij uit de bladzijden van de evangeliën. Hij wordt onze persoonlijke metgezel. Verbazingwekkend genoeg beginnen we te ontdekken dat Hij ook nu nog onze levende vriend kan zijn, zoals Hij dat ook was voor de mensen die hun netten achterlieten bij het Meer van Galilea en Hem volgden. Wanneer we samen met vele anderen met Hem op weg gaan, laat Hij ons zijn weg voor ons leven zien en geeft Hij ons de kracht om die weg ook te gaan. We leren dat zijn juk zacht is en zijn last licht. En het allermooiste is dat we ontdekken dat we nooit alleen zijn, wat we ook doormaken.

Miljoenen mensen van allerlei achtergronden kunnen van deze realiteit getuigen. Een getuigenis dat me bijzonder geraakt heeft, is dat van Joseph Girzone. Laat ik het een en ander over hem vertellen. Een aantal jaren geleden moest hij zich om gezondheidsredenen terugtrekken uit het rooms-katholieke priesterschap. Voor het eerst in zijn leven had hij bijna geen geld. Hij had net genoeg om te kunnen overleven. Hij had geen geld voor kleren. Hij maakte zijn meubels uit wat planken die hij goedkoop op de kop had getikt. Voor het eerst in zijn leven wist hij wat het was om echt 'arm' te zijn, in de wereldse zin van het woord. Hij begon wat Jezus had geleerd ook in praktijk te brengen op een manier zoals hij dat nog nooit had gedaan.

In zijn autobiografie *Never Alone* vertelt hij over één specifieke ervaring. Op een dag maakte hij een wandeling, terwijl hij zich afvroeg wat hij als avondeten zou maken, want hij had geen geld. Terwijl hij langs de kant van de weg liep, dacht hij dat hij geld zag liggen in een greppel. Hij vroeg zich af hoe dat geld daar op die afgelegen plek terecht was gekomen. Hij keek nog eens goed, boog zich en daar in die greppel lag netjes opgevouwen precies genoeg geld voor zijn avondeten. Op dat moment kon hij Jezus bijna horen zeggen: 'Ik heb je toch gezegd dat je je geen zorgen moest maken, dat Ik voor je zou zorgen.'

Korte tijd later veranderden zijn levensomstandigheden radicaal. Hij begon romans te schrijven over iemand die Joshua heette. Het was zijn manier om mensen te laten kennismaken met Jezus en zijn boodschap. Wereldwijd zijn er miljoenen van zijn boeken verkocht. Geld is nu in zijn leven een pijnlijke last geworden. Het is niet gemakkelijk om het goed te gebruiken. In *Never Alone* beschrijft hij fantastisch mooi hoe hij zijn boek opdraagt aan Jezus. Het beschrijft op een mooie manier hoe we Jezus kunnen leren kennen als onze persoonlijke metgezel wanneer we onszelf volkomen aan Hem toevertrouwen. Hier volgen zijn woorden:

'Ik draag dit boek op aan mijn Vriend Die altijd bij me en in mijn hart is, Die nooit ver weg is als ik me alleen en verward voel, Die altijd vrede geeft aan mijn ziel als ik bezorgd en bang ben, en angst heb voor de toekomst. Ik deel mijn diepste geheimen met Hem, mijn vreugde, mijn zorgen, mijn verworvenheden, mijn schaamte. Hij begrijpt me altijd. Hij beschuldigt of bekritiseert nooit, maar stelt vaak een heel andere manier van aanpakken voor. Wanneer Hij dat doet, dan baant Hij ook altijd de weg, zodat het niet zo onmogelijk is als ik eerst had gedacht. Door de jaren heen heb ik geleerd op Hem te vertrouwen. Het was niet gemakkelijk. Ik dacht dat ik, als ik Hem volgde, alle lol in mijn leven moest opgeven, maar ik heb ontdekt dat Hij de bron is van alle vreugde en avontuur, en Hij heeft mijn leven inderdaad veranderd in een geweldig avontuur, in een periode waarin ik dacht dat het bijna was afgelopen. Ik zou je willen meegeven dat Hij ook jouw vriend zou kunnen worden, als je dat graag zou willen. Wees niet bang! Hij zal je vrijheid en je onafhankelijkheid meer respecteren dan alle mensen die je ooit hebt ontmoet, omdat Hij je geschapen heeft om vrij te zijn. Hij wil alleen meer dan wat ook dat je Hem als je vriend zult aanvaarden. Als je dat doet, dan kan ik je beloven dat je nooit alleen zult zijn.'

Antwoord geven op Gods vraag

Wie zeg jij dat Ik ben? Jezus' vraag weerklinkt door de geschiedenis tot op de dag van vandaag. Nu is het tijd voor jou om je eigen reactie te bekijken.

Wie is Jezus Christus voor jou? Een mythe die in het leven is geroepen door de slimme fantasieën van de evangelieschrijvers? Een geweldige menselijke leraar en profeet? Een genezer die in staat was grote wonderen te verrichten? Een soort Superman, die in staat is omlaag te zweven en je van al je moeilijkheden te redden? Of iemand anders, iemand die meer is, iemand die volledig en compleet mens is, maar die toch ook voortdurend God is, en die God zelf aan ons openbaart? Hoe reageer jij?

Zoals we al gezien hebben, kun je voor het antwoord op deze vragen het beste in de evangeliën terecht. Vraag God om je te helpen Jezus volledig te zien, zoals Hij werkelijk is. Vraag ook Hem niet alleen te kunnen zien zoals Hij in de evangeliën naar voren komt, maar ook zoals Hij door de geschiedenis heen heeft geleefd in het leven van zijn volgelingen en overal in het universum. Vaak kunnen we in mensen die zichzelf aan Hem gegeven hebben een glimp van zijn schoonheid en grootheid opvangen.

Naast deze verkenningen is het ook van belang om persoonlijk met Jezus om te gaan. Hem leren kennen is veel meer dan alleen een zaak van het hoofd. Het gaat er ook om dat je jezelf

intens geeft aan degene die je wilt leren kennen. Vergeet niet dat
er twee manieren van kennen bestaan. Je kunt Jezus echt alleen
maar leren kennen door zo veel mogelijk van jezelf toe te ver-
trouwen aan alles wat je van Hem weet. Deze riskante stap gaat
uit van het eenvoudige geloof dat Jezus leeft en hier bij ons aan-
wezig is en zichzelf bekend wil maken aan allen die Hem wer-
kelijk zoeken. Wat denk je en hoe voel je je als het gaat om het
zetten van deze stap? Praat met God over deze gedachten en ge-
voelens.

Zoals altijd is het ook nu van belang om volkomen eerlijk te
zijn. Ons verstaan van Jezus ontwikkelt en verdiept zich
meestal in de loop van de tijd. Toen Petrus Jezus' vraag beantwoordde en tegen Hem zei: 'U bent de Messias,' was hij
nog steeds bezig aan zijn zoektocht om te ontdekken wie Jezus werkelijk was. Dat Petrus Jezus Messias noemde op dat
punt in het Marcusevangelie betekende niet dat hij Hem
'goddelijk', of 'de tweede persoon van de drie-eenheid', of
'God' noemde. Dat diepere inzicht in Jezus' identiteit zou
voor Petrus pas later komen. En wanneer wij met deze vraag
worstelen, kunnen ook wij merken dat het wat tijd kost voordat we op onze knieën aan de voeten van Jezus vallen en het
uitroepen: 'U bent mijn Heer en mijn God.'

Deze vraag en Petrus' antwoord markeerden een keerpunt
in het Marcusevangelie. Moge jouw antwoord het keerpunt
in je eigen leven worden.

Vragen voor kleine groepen

1. Wat is het interessantste aspect dat je de laatste tijd omtrent Jezus hebt geleerd?
2. Hoe heeft dit aspect je leven en je relatie met Hem beïnvloed?
3. In welke zin worstel je het meest met Jezus en zijn boodschap?
4. Hoe zou jij vandaag, in je eigen woorden, reageren op Jezus' vraag 'Wie zeg jij dat Ik ben?'

8. Wil je beter worden?

Een van mijn favoriete verhalen is dat van Carlos Valles, een Spaanse priester die in India werkt. Op een dag fietste hij over het warme Indiase platteland, toen hij merkte dat er een merkwaardige stilte in de lucht hing. De natuur leek de adem in te houden, alsof ze wachtte tot er iets ging gebeuren. Hij voelde dat er gevaar dreigde, hield op met trappen, stapte van zijn fiets en keek om zich heen. Plotseling begreep hij de reden voor die onwerkelijk aandoende stilte. In het lage gras lag een cobra met zijn kop opgericht. Zijn smalle tong schoot heen en weer. Carlos volgde de blik van de cobra. Die was strak gevestigd op de tak van een struik iets verderop. Op die tak zat een klein vogeltje, volledig verlamd. Hij schrijft: 'Ik had wel eens gehoord dat slangen dat doen bij vogels. Nu zag ik het zelf. De vogel had wel vleugels, maar kon niet vliegen. Hij had wel een stem, maar kon niet zingen. Hij was verstijfd, verlamd, gebiologeerd. De slang kende zijn eigen macht en had de vogel in zijn greep. De prooi kon niet ontsnappen, ook al had hij de hele wijde lucht tot zijn beschikking.'

Carlos besloot iets te doen. Hij verstoorde de stille strijd met zijn aanwezigheid. Hij probeerde de hypnotische grip van de slang op de vogel te verstoren door met zijn armen te zwaaien. Hij maakte menselijke geluiden. Uiteindelijk hadden zijn inspanningen succes. Onwillig liet de cobra zich op de grond zakken en gleed weg in het gras. Het platteland kwam weer tot leven met al zijn geluiden. En de vogel, bevrijd van zijn verlamming, hervond zijn vleugels en vloog weg. Hij herontdekte zijn stem en begon weer te fluiten.

Dit verhaal is een ijzersterke gelijkenis. Veel mensen worden tegenwoordig door de hypnotische blik van een slang gevangen gehouden. Sommigen worden verlamd door angst of depressiviteit of wanhoop of door een ander duister gevoel. Sommigen zitten gevangen in destructieve en verslavende gedragspatronen. Anderen doorlopen alle vertrouwde aspecten van het geloof – bidden, bijbellezen, kerkgang – maar merken dat ze ergens zijn vastgelopen in hun relatie met God. Als gevolg daarvan raken ze, net als dat vogeltje, verlamd.

Ze verlangen naar nieuwe vrijheid. Ze hebben wel vleugels, maar vliegen niet. Ze hebben wel een stem, maar zingen niet. Misschien weet je wel wat ik bedoel.

Als jij je verlamd voelt zoals deze kleine vogel, dan biedt de Bijbel je fantastisch nieuws: God wil jou en mij bevrijden. Maar daaraan is een belangrijke voorwaarde verbonden. We moeten bereid zijn om een reis te gaan maken. Een reis van verandering en risico en gehoorzaamheid. Dit is de boodschap van het genezingsverhaal in het vijfde hoofdstuk van het Johannesevangelie. Op een sabbatdag kwam Jezus bij het badwater van Betesda in Jeruzalem. Het was een plek waar de zieken, de blinden en de kreupelen zich verzamelden in de hoop op een wonderbaarlijke genezing. Jezus' oog viel op een verlamde man die daar al achtendertig jaar lag. Maar in plaats van hem meteen te genezen, zoals Hij met vele anderen had gedaan, stelde Jezus hem de vraag: 'Wil je beter worden?'

Dit is dezelfde vraag die God ons stelt wanneer we merken dat we op de een of andere manier verlamd zijn geraakt. Willen we echt gezond zijn? Het is een onverwachte, provocerende vraag. Hij trekt meteen onze aandacht. Willen we echt deze verlamming te boven komen? Voordat we al te snel antwoord geven, moeten we eerst eens kijken naar de mogelijke betekenissen.

Een nieuwe vrijheid

Allereerst wijst de vraag ons in de richting van de vrijheid die Jezus aanbiedt. Toen Jezus aan de verlamde vroeg of hij gezond wilde worden, zei Hij in feite tegen hem: 'Ik wil je een vrijheid geven die verder gaat dan genezing van je verlamming. Een vrijheid die deze wereld je niet kan geven. Een vrijheid die je bevrijding kan brengen van alle dingen die je gevangen houden. Het is een vrijheid die van God komt en die alleen Ik je kan geven.'

Misschien vraag je je af hoe ik kan veronderstellen dat Jezus dit allemaal impliceerde toen Hij deze vraag stelde. Ik zal je vertellen waar mijn veronderstelling op stoelt. Het badwater van Betesda was een heel bekende, oude plek van genezing. Het bevond zich in Jeruzalem, net ten noorden van de tempel. Het water bestaat nog steeds en als je naar Jeruzalem gaat, kun je het zelf zien. De nieuwtestamenticus Tom Wright geeft aan dat het niet alleen een Joodse plek van genezing was. Bewijsmateriaal duidt erop dat ook veel niet-Joden het beschouwden als een heiligdom waar genezing kon plaatsvinden. Een tijd lang was het gewijd aan Asclepius, die overal in de antieke mediterrane wereld als een god van genezing werd vereerd.

De manier waarop het zou werken was ongeveer als volgt. Mensen met allerlei soorten ziekten verzamelden zich daar in de hoop op een wonderbaarlijke genezing. Algemeen werd aangenomen dat de eerste persoon die het bad in ging wanneer het water bewoog, genezing zou vinden. Dus elke dag zaten daar mensen te wachten. Maar in de praktijk was het heiligdom niet zo succesvol. Het badwater van Betesda sprak van de mogelijkheden van een nieuwe vrijheid, maar kwam die belofte niet na. Er konden jaren voorbijgaan zonder dat de mensen die daar zaten de bevrijding ervoeren waarnaar hun hart zo intens verlangde.

Men zou kunnen zeggen dat ook nu nog iets vergelijkbaars gebeurt. Denk maar aan alle beloften van vrijheid, die onze wereld ons tegenwoordig biedt. Ze zijn overvloedig aanwezig in zelfhulpboeken, televisieprogramma's, bij mensen die zich ongevraagd opwerpen als goeroes, new-agefiloso-fieën, politieke theorieën enzovoort. Ook deze lijken echter niet zo heel goed te werken. Ondanks de vloedgolf aan be-loofde 'vrijheden' zijn er om ons heen steeds meer mensen die leven in de greep van de angst, depressie, wanhoop, ver-slaving, zinloosheid en wat lijkt op een tragisch onvermogen om zelfs maar overweg te kunnen met de mensen van wie ze het meest houden.

Wat heerlijk dat Jezus door God is gezonden om een nieu-we vrijheid voor iedereen binnen handbereik te brengen. Een nieuwe vrijheid om te leven, lief te hebben en te dienen. Ook vandaag blijft Hij zich in de kracht van zijn opstanding wen-den tot diegenen onder ons die op verschillende manieren zijn lamgeslagen. Zijn vraag 'Wil je beter worden?' draagt de hoop in zich dat we deze verlamming te boven kunnen ko-men. De hoop dat we bevrijd kunnen worden van wat ons gevangen houdt. De hoop dat we weer zullen kunnen vlie-gen. De hoop dat we onze stem zullen hervinden en weer zullen zingen.

De uitdaging van verandering

Ten tweede confronteert de vraag ons met de uitdaging van verandering. Dat moet het in elk geval voor de verlamde heb-ben betekend. Was hij echt bereid om zijn oude manier van leven los te laten? Of was hij zo gewend geraakt aan de voor-delen van het verlamd zijn, dat hij diep vanbinnen niet echt wilde dat de dingen gingen veranderen? Hij had tenslotte mensen, vrienden of familieleden, die hem ophaalden en droegen, mensen die hem te eten gaven en voor hem zorgden; hij hoefde de verantwoordelijkheid voor zijn leven niet zelf te dragen, want dat deden anderen voor hem. Genezen worden zou inhouden dat hij moest opstaan om zijn leven zelf weer in handen te nemen.

Jezus wilde blijkbaar weten waar hij in dat alles stond. Wilde hij beter worden – of wilde hij misschien liever ziek blijven? Als hij de overstap van een leven van verlamming naar de radicale nieuwe vrijheid die Jezus hem aanbood wilde maken, dan moest hij bereid zijn om alle nodige veranderingen ook door te voeren.

De aanvankelijke reactie van de verlamde wijst op een hoge mate van weerstand. Men zou een duidelijk en definitief 'ja' verwacht hebben. Er was echter helemaal geen positieve reactie. Eigenlijk omzeilde hij de vraag. Hij maakte liever een lijst met excuses voor de situatie waarin hij zich bevond. 'Heer,' zo antwoordde de zieke, 'ik heb niemand om me het water in te helpen als het begint te bewegen. Terwijl ik probeer in het water te komen, gaat er altijd wel iemand vóór mij.' Deze woorden lijken erop te wijzen dat hij de schuld voor zijn nare situatie op anderen probeerde af te schuiven. Het was hun schuld, omdat zij hem niet de hulp hadden gegeven die hij nodig had.

Er bestaan enkele opmerkelijke overeenkomsten tussen deze verlamde en ons. Net als hij omzeilen ook wij soms die dingen die ons zouden kunnen helpen om op een vrijere manier in het leven te staan. We geven de voorkeur aan de aandacht en het medeleven dat we krijgen door over ons geworstel te praten. We moeten ook vechten om oude patronen van destructief gedrag los te laten, om zo te komen tot gezondere manieren van omgaan met anderen. We willen niet echt de verantwoordelijkheid nemen om het leven weer ten volle te leven. We spelen soms liever een spelletje 'schuld afschuiven' dan de verantwoordelijkheid te nemen voor de puinhoop waarin we ons bevinden. Dat zijn maar een paar manieren waarop wij, net als de verlamde, de uitdaging van verandering weerstaan.

Ik denk aan een pijnlijk voorbeeld uit mijn eigen huwelijk. Jarenlang trok ik me in mezelf terug als het niet ging zoals ik wilde. Ik onthield Debbie mijn aandacht, mijn genegenheid en soms zelfs mijn aanwezigheid. Als ze vroeg wat er aan de hand was, gaf ik haar meestal de schuld van de moeilijkheden die we hadden. Dit scenario herhaalde zich keer op keer, als een valse langspeelplaat waarbij de naald blijft hangen. De gevolgen voor onze relatie waren verlammend. Deze kwam vast te zitten in niet-geuite boosheid, wrok en verdriet. Er brak pas een nieuwe vrijheid door toen ik bereid was met dit gedragspatroon te breken, de verantwoordelijkheid te nemen en de uitdaging van verandering onder ogen te zien.

Misschien voel jij je op dit moment ook op een bepaalde manier verlamd. Vandaag vraagt God aan jou: 'Wil je beter worden?' Hoe ga je reageren? Ben je bereid om bepaald gedrag of een karakterfout los te laten, om het nieuwe dat God in je leven wil doen te omhelzen? Ben je bereid om anderen niet langer de schuld te geven, maar zelf de verantwoordelijkheid te nemen voor de persoon die je graag wilt worden? Kortom: ben je bereid om op de uitdaging van verandering in te gaan? Zonder een duidelijke en positieve reactie op deze vraag kun je de vrijheid die Jezus wil geven niet ervaren.

Het risico van gehoorzaamheid

Ten derde wijst de vraag op het risico van gehoorzaamheid. Kijk nog eens naar het verhaal.

Ondanks de aanvankelijke weerstand van de verlamde tegen de uitdaging, verlangde Jezus ernaar hem te bevrijden. Dit wordt duidelijk wanneer je de dialoog tussen deze twee volgt. Onmiddellijk nadat Jezus de verlamde had gevraagd of hij gezond wilde worden, gaf hij hem het bevel: 'Sta op! Pak je bed op en loop.' Let erop dat deze instructie er specifiek op gericht was de verlamde aan te moedigen om op een vrijere manier en volledig zonder verlamming te leven.

De verlamde gehoorzaamde Jezus' bevel meteen. Stel je enkele van zijn gedachten voor toen Jezus hem opdroeg om op te staan. 'Wat gebeurt er als ik val?' 'Hoe moet ik het redden als ik niet meer ga bedelen om in mijn onderhoud te voorzien?' 'Kan ik deze man wel op zijn woord vertrouwen?' 'Zal hij me helpen als ik gehoorzaam?' Wat hij ook gedacht heeft, de verlamde deed wat hem gezegd werd. Hij rolde zijn matje op en begon te lopen. Stel je voor wat er gebeurd was als hij dit risico van gehoorzaamheid niet genomen had. Zeer waarschijnlijk zou hij aan het einde van zijn leven nog steeds bij dat badwater hebben gezeten, nog steeds verlamd.

De les die we uit dit verhaal kunnen leren is duidelijk: God begint zijn wonderen te doen wanneer wij de riskante stap van gehoorzaamheid zetten. Een zorgvuldig bestuderen van de andere wonderen in de Bijbel onderstreept deze waarheid. Ze vinden niet plaats in het leven van passieve mensen. Meestal zijn ze een mengeling van Gods liefdevolle kracht en onze bereidheid om te doen wat God ook maar van ons verlangt. Of om het te zeggen in de bewoordingen van het onderwerp van dit hoofdstuk: als jij en ik een nieuwe vrijheid willen ervaren, dan moeten we ons afvragen welke stap God ons wellicht vraagt te zetten midden in onze verlamming. Deze stap zal voor ieder van ons anders, maar altijd heel persoonlijk zijn.

Om je een voorbeeld te geven van wat ik bedoel, wil ik even teruggaan naar het verhaal van mijn huwelijk. Ik herinner me duidelijk hoe Gods woord tot me kwam te midden van de strijd die ik hiervoor heb beschreven. Het ging ongeveer zo. 'Trevor, sluit jezelf niet af voor Debbie als je je ongelukkig voelt. Je kunt beter met haar praten over je gevoelens, in plaats van haar de schuld daarvan te geven. Mijn innerlijke kracht zal je helpen om dat te doen.' Toen ik dit concrete bevel van God in praktijk begon te brengen, ervoer ik Gods bevrijdende kracht. Ik moest deze stap natuurlijk keer op keer zetten. Maar elke keer gaf God me kracht die mijn eigen kracht verre overstijgt.

Ik kan niet zeggen wat God te midden van jouw eigen verlamming tegen je zegt. Maar ik heb zo'n gevoel dat je het wel weet. Gods woord jegens ons staat meestal in direct verband met de situatie waarin we ons bevinden. Het komt heel vaak in de vorm van een gedachte die ons op een creatieve manier vooruithelpt. En het zal altijd wijzen op de mogelijkheden van een nieuwe vrijheid in je leven en in je relaties. Het zou best kunnen dat God op dit moment iets tegen je zegt in de trant van:

- Zoek iemand met wie je eerlijk kunt praten over de worsteling die je op dit moment doormaakt.
- Vraag iemand om met je te bidden, dat je Gods kracht steeds meer mag ervaren.
- Neem afstand van de bitterheid die je met je meedraagt en begin aan de reis naar vergeving.
- Zeg dat het je spijt, reik je partner de hand.
- Keer je af van de situatie waarin je nu misbruik van anderen maakt.
- Verbreek de stilte en vertel iemand over de situatie van misbruik waaronder je als kind hebt geleden.

De lijst van mogelijke voorbeelden is eindeloos. Het belangrijkste is dat we datgene doen wat God ons opdraagt. Wonderen gebeuren zelden zonder dat we het risico van gehoorzaamheid nemen.

Gods vraag beantwoorden

Wil je beter worden? Er zijn veel manieren om deze vraag te herformuleren, zodat deze verbonden wordt met het thema 'vrijheid' in dit hoofdstuk. Wil je echt vrij zijn om op een intensere manier te leven en lief te hebben? Ben je bereid om bevrijd te worden van de blokkades die Gods liefde verhinderen door je heen te stromen? Wil je bevrijd worden van de banden die je leven omkneld houden? Wil je vrij genoeg worden om jouw kleine steentje bij te dragen aan het herstel van onze gebroken wereld? God wil je voor al deze dingen bevrijden, maar jij moet bereid zijn op te staan en weer te gaan lopen.

Zoals we al gezien hebben, zou je denken dat het antwoord op deze vraag nogal voor de hand ligt. Dat is echter niet het geval. Aan de reis naar de vrijheid hangt altijd een prijskaartje. Er zijn bepaalde dingen die je misschien moet opgeven. Er zijn destructieve gedragspatronen waar je je wellicht van moet afwenden. Er zijn moeilijke situaties waarvoor je misschien de verantwoordelijkheid op je moet nemen. Neem wat tijd om met God te spreken over je gedachten en gevoelens omtrent deze mogelijke veranderingen. Probeer in je communicatie met God over deze dingen zo eerlijk en open mogelijk te zijn.

107

Als je eenmaal met God gesproken hebt, neem dan de tijd om te luisteren naar wat God tegen je zegt, vooral met betrekking tot dat gebied in je leven waar je je verlamd voelt. Welk risico van gehoorzaamheid wil God je laten nemen? Misschien kun je erbij stilstaan dat Gods woord vaak de gedaante aanneemt van een bepaald soort gedachten. Deze gedachten werpen licht op de volgende stap op je weg naar vrijheid. Neem de tijd om op te schrijven wat je denkt dat God tot je zegt en spreek er met Hem over.

Moge Jezus' vraag 'Wil je beter worden?' een zachte bries door je leven doen waaien, zodat de vogel weer kan gaan vliegen.

Vragen voor kleine groepen

1. Beschrijf een vorm van vrijheid die God in je leven en in je relaties heeft gebracht.
2. Hoe heb je dit geschenk van vrijheid ontvangen?
3. Waar ervaar je momenteel verlamming of waar ben je vastgelopen?
4. Wat denk je dat de opgestane Christus je wellicht te zeggen heeft met betrekking tot deze specifieke verlamming?

9. Waarom huil je?

In de afgelopen jaren is me iets opgevallen aan mezelf: tranen komen veel gemakkelijker dan vroeger het geval was. Daar zou een aantal redenen voor kunnen zijn. Het zou iets te maken kunnen hebben met ouder worden. Misschien word ik met het verstrijken der jaren kwetsbaarder. Of het zou te maken kunnen hebben met verdriet uit het verleden dat ik niet helemaal heb verwerkt. Een van mijn favoriete schrijvers suggereert dat kanten van onze persoonlijkheid die tevoren niet tot uiting kwamen, aan de oppervlakte beginnen te komen wanneer we eenmaal in de vijftig zijn.[22]

Misschien is het in mijn geval zo dat het feit dat ik de laatste tijd zo gemakkelijk huil te maken heeft met een verborgen verdriet of met pijn die ik niet heb verwerkt.

Mijn tranen komen op verschillende momenten tevoorschijn. Soms komen ze tijdens een film, zoals gebeurde toen ik naar de hartverscheurende film 'Tsotsi' zat te kijken, een in Zuid-Afrika geproduceerde film die een Oscar heeft ge-

---

22. John Goldingay, *Walk On* (Baker Bookhouse, 2002), p. 155.

wonnen voor de beste buitenlandse film. Soms komen ze nadat ik een begrafenis heb geleid, vooral wanneer ik net iemand heb begraven die op tragische wijze om het leven is gekomen. Soms komen ze als ik terugdenk aan mijn moeder en vader, en aan al de offers die ze zich voor mij getroost hebben. Soms komen ze wanneer ik geconfronteerd word met het feit dat ik er niet in slaag de mensen die het dichtst bij me staan intens en onvoorwaardelijk lief te hebben. Pas kwamen de tranen nog nadat ik een brief had gekregen van een lichamelijk gehandicapte vriendin, die wanhopig verlangt naar een intieme relatie, maar die vaak wordt afgewezen en genegeerd.

Ik vermeld al deze voorbeelden met een speciale reden: ik zou je graag helpen om je meer bewust te worden van de tranen in je eigen leven. Misschien merk jij ook dat je tranen veel rijkelijker vloeien naarmate je ouder wordt. Of misschien liggen ze verborgen in een geheime kamer in je hart. Of ze nu over je wangen rollen of binnen in je opgeslagen blijven, je tranen kunnen verschillende dingen weerspiegelen.

Misschien duiden ze op verdriet om de dood van iemand van wie je veel hield, het vastlopen van een speciale relatie, het verraad van een goede vriend(in), een diepe teleurstelling, het verlies van een zakelijke onderneming, of wijzen ze op een diep, onvervuld verlangen, dat soms te pijnlijk is om te benoemen. En zo kunnen we de lijst nog veel langer maken.

Het goede nieuws is dat onze tranen heilzaam kunnen

zijn. Ze kunnen ons leiden naar genezing en groei en naar een nieuw begin. Ze kunnen ons hart openen voor de aanwezigheid van engelen, menselijk of onzichtbaar, die overal om ons heen zijn. Ze kunnen ons hart ontvankelijker maken voor een dieper ervaren van God. Ze kunnen het middel worden waardoor ons hele leven diepgaand getransformeerd wordt. Dat ontdekken we wanneer we ingaan op de vraag die Jezus aan Maria Magdalena stelt op die eerste paasmorgen. Hij vroeg aan haar: 'Vrouw, waarom huil je?'[23]

Sta eens een moment stil bij de context waarin deze vraag gesteld wordt. Maria stond te huilen bij het graf waarin Jezus was begraven. Zijn lichaam, dat ze had willen zalven, was verdwenen. Stel je eens voor hoe diep haar angst en verwarring waren. Haar heer en meester was niet alleen gekruisigd, maar nu had iemand ook zijn lichaam nog gestolen. Toen was daar plotseling die vraag, eerst van de engelen in het graf, en vervolgens van de opgestane Jezus, die achter haar stond. Het was een vraag die voor Maria het begin van een nieuwe reis betekende, een reis die haar naar de kern van haar pijn en daar doorheen zou voeren. Ik wil stellen dat er ook zoiets voor ons kan gebeuren, als we bereid zijn met deze zelfde vraag te worstelen.

---

23. Johannes 20:15.

Jezus' vraag aan Maria herinnert ons eraan dat tranen prima zijn. Tranen weerspiegelen het feit dat we kwetsbare, feilbare en breekbare mensen zijn. Jezus wist dat maar al te goed. In zijn Bergrede sprak Hij een bijzondere zegen uit over mensen die treuren. Hij was zelf niet onbekend met tranen. Toen Hij het verdriet van Maria en Marta om hun broer Lazarus zag, huilde Hij ook.[24] Het is niet verrassend dat Hij Maria niet veroordeelde toen Hij haar huilend bij het graf aantrof. Hij zei niet tegen haar: 'Kom op, Maria, houd eens op met huilen. Kun je niet zien dat het paasochtend is? Kop op en flink zijn!' Nee, Hij accepteerde haar tranen en reikte haar in haar nood de hand.

We hebben het echt nodig om dat te horen. Velen van ons, vooral mannen, voelen zich niet op hun gemak met hun tranen. Diep vanbinnen beschouwen we deze als een teken van zwakheid. We proberen ze verborgen te houden, zelfs als ons hart breekt. Ik weet niet meer hoe vaak ik bij iemand heb gezeten die in tranen was, bijvoorbeeld omdat een geliefde was overleden, of na een begrafenis, of tijdens een pastoraal gesprek, en deze persoon iets tegen me zei in de trant van: 'Sorry dat ik zit te huilen, ik moet echt proberen om flink te zijn.'

Er zou wel eens een nog diepere reden kunnen zijn voor

---

24. Johannes 11:35.

onze worsteling met tranen. Ik ben me daar nog maar pas van bewust geworden. Samen met mijn zoon was ik naar de film 'Tsotsi' gegaan. Tijdens een paar van de pijnlijkste scènes zaten sommige mensen te lachen. Ze lachten toen de gangster in de trein een forens beroofde en vermoordde. Ze lachten toen hij een half verlamde bedelaar op het treinstation mishandelde. Ze lachten toen hij een baby stal. Ze lachten toen de vliegen over het gezicht van de baby kropen. Mijn zoon en ik vroegen ons af waarom de mensen in de zaal tijdens die droevige momenten hadden gelachen.

Merkwaardig genoeg kwam ik een paar dagen later in de krant *The Star* een artikel over de film tegen. Het artikel, geschreven door Justice Matlala, ging in op dezelfde vraag waarmee mijn zoon en ik hadden geworsteld. Op treffende wijze schreef Justice over het geweld dat altijd deel had uitgemaakt van zijn jeugd in Zuid-Afrika. Hij stond stil bij de scènes waarbij men tranen verwacht zou hebben, en opperde dat het lachen een weerspiegeling was van het niet-genezen trauma van een land dat gek was geworden van het geweld. Hij schreef: 'Het heeft me doen beseffen dat al deze mensen niet maar gewoon lachten. Ze waren vergeten hoe ze moesten huilen.'[25]

Misschien is jouw hart om een of andere reden zo hard geworden, dat ook jij niet meer weet hoe je moet huilen. Ik bid dat Jezus' vraag je zal helpen om er weer achter te ko-

---

25. *Sunday Times Lifestyle*, 2 april 2006.

men. Leren om weer te huilen zou het begin kunnen zijn van een nieuwe reis naar heelheid, zoals dat ook bij Maria het geval was. Onze tranen brengen ons in contact met onze pijn. Ze helpen ons ontdekken waar we pijn hebben.

Maar misschien vraag je nu: 'Nou en? Wat kunnen we doen met onze tranen? Als we ons eraan overgeven, kunnen we ons schuldig maken aan zelfmedelijden. Als we ze verbergen, lopen we het risico dat we onze genezing blokkeren. Waar moeten we heen met onze tranen?' Jezus' vraag helpt ons om de volgende stap te zetten.

Oog in oog met het verhaal achter onze tranen

Jezus' vraag nodigt ons uit om het verhaal achter onze tranen onder ogen te zien. Dat is zeker wat hij Maria Magdalena uitnodigde te doen. Hij vroeg haar om haar pijn te onderzoeken, haar verdriet onder woorden te brengen, haar tranen een stem te geven. Dat was dan ook precies wat ze ging doen. Ze antwoordde: 'Ze hebben mijn Heer weggehaald en ik weet niet waar ze hem gelegd hebben.'

Maria voelde zich duidelijk veilig genoeg in Jezus' opgestane aanwezigheid om Hem te laten weten wat er achter haar angst zat. Ze wist dat Hij haar tranen serieus zou nemen en haar er niet om zou bespotten.

Net zoals Maria moeten ook wij reageren op deze vraag. We kunnen dat op een paar manieren doen. We kunnen iemand zoeken bij wie we ons veilig genoeg voelen om onze tranen de vrije loop te laten. Iemand die onze 'klaagmuur' kan zijn. Ik zal altijd die paar speciale mensen dankbaar zijn die naast me stonden in mijn pijn, die luisterden zonder te veroordelen, en die wat ik hun verteld heb in hun hart hebben bewaard. Tot deze mensen behoorden een betrokken psychiater, diverse goede vrienden en vooral de mensen die het dichtst bij me staan. Ieder van hen is van tijd tot tijd en op verschillende manieren die klaagmuur geweest waarbij ik mijn tranen kon uitstorten.

We kunnen onze tranen ook met God delen. Veel psalmen in de Bijbel leren ons om dat te doen. Ze laten ons zien hoe we eenvoudig en eerlijk met God kunnen spreken over het diepe kreunen van ons hart en ons leven. Al te vaak denken we in Gods aanwezigheid alleen maar aan onze pijn. We moeten God er echter over vertellen. De psalmist moedigt ons herhaaldelijk aan om hardop met God te spreken over de pijnlijke dingen die we doormaken. Sta eens een moment stil bij een paar van de zinnen die we tegenkomen als we de psalmen lezen. Zinnen zoals: 'Ik riep het uit tot de Heer,' 'Hoor mijn gebed, o Heer, luister naar mijn schreeuw om hulp' en 'Hoe lang nog, Heer, hoe lang?'

Genezing en leven worden ons geschonken wanneer we niet alleen met God, maar ook met een ander mens praten over onze tranen. Wanneer we deze stap zetten, is er bijna altijd veel opluchting en bevrijding. Wanneer we de moed hebben om dit te doen, dan voelen we ons niet meer zo alleen. We voelen ons dichter bij elkaar als we meer over onze worstelingen praten in plaats van over onze successen op te scheppen. En belangrijker nog: dit kan ons tot een nieuwe intimiteit in onze relatie met God brengen. Wanneer we onze tranen bij God brengen in de aanwezigheid van een ander mens, dan lijkt er een antwoord van God te komen dat ons helpt te weten dat we niet alleen zijn. Soms beginnen we zelfs te voelen dat God met ons mee lijdt en met ons mee huilt in onze pijn.

Eén herinnering schiet me meteen te binnen. Ik leidde een achtenveertig uur durende retraite voor mensen die zoiets voor het eerst deden. Halverwege het weekend sprak een vrouw, wier negentien jaar oude zoon bij een auto-ongeluk om het leven was gekomen, met me over haar verdriet. Haar pijn was onmetelijk groot. Ik luisterde in stilte en vol respect, en hoopte diep vanbinnen dat ik voor haar een klaagmuur kon zijn. Een paar uur later, toen ik de kapel binnentrad waar het al donker was geworden, zag ik haar knielen voor een lege crucifix. Tranen stroomden over haar wangen. Ze draaide zich om en zei tegen me: 'Ik kan de toekomst weer aan. Ik weet dat God ervan weet en met me mee lijdt.' Praten met God en met een ander mens hadden het voor haar mogelijk gemaakt met hoop haar rouw te doorleven.

Van tranen naar een nieuw begin

Jezus' vraag helpt ons om vanuit onze tranen tot een nieuw begin te komen. Kijk maar eens hoe wijs Johannes dit goede nieuws overbrengt. Hij vertelt ons dat Maria Jezus eerst niet herkende. Ze dacht dat Hij de tuinman was. Het is de moeite waard om dit intrigerende detail eens van dichterbij te bekijken. Als we de tijd nemen om ons dit tafereel in de tuin beter voor te stellen, dan vangen we een glimp op van de nieuwheid die God ons aan de andere kant van onze tranen wil geven. Dus laten we nog wat dieper graven en proberen te zien wat zich afspeelde in het hoofd van de evangelist, toen hij schreef over het feit dat Maria meende dat Jezus de tuinman was.

Hier is een vraag die ons misschien kan helpen bij dat graven: wanneer wordt in de Bijbel voor het eerst een tuin genoemd? Ik weet zeker dat je het antwoord kent. Het is in Genesis, waar God de eerste mensen schiep en hun de verantwoordelijkheid gaf om de tuin waarin ze geplaatst waren te verzorgen.

Maar zoals je ook wel zult weten ging het daar radicaal mis. Ze kozen ervoor op hun eigen manier te leven in plaats van op de manier die God had bedoeld. Als gevolg daarvan raakten ze hun plek in de tuin kwijt.

Nare dingen zoals schaamte, verdriet en scheiding kwamen hun leven binnen. Het paradijs was verloren gegaan en onze vroege voorouders kwamen erachter dat ze niet meer leefden in de tuin die hun thuis had moeten zijn.

Als we weer teruggaan naar het evangelieverhaal, houd dan dit beeld in je achterhoofd. Kun je de sterke verbindingslijnen tussen deze twee zien? Beide verhalen vonden

plaats in een tuin. Adam werd geroepen om de tuin te verzorgen, terwijl Maria Jezus aanzag voor een tuinman.

Zoals een schrijver heeft geopperd: 'Johannes wil dat we
een verband zien tussen de hof van Eden en Jezus die in de
tuin uit de doden opstaat. Hier verschijnt een nieuwe Adam
ten tonele, en Hij draait de dood om door deze te overwinnen. En Hij doet dat in een tuin.'[26]

Met andere woorden: deze setting in een tuin herinnert
ons er op krachtige wijze aan dat Jezus, toen Hij Maria in
tranen aantrof, haar de opstandingsgave van het opnieuw beginnen wilde schenken.

Dat wil de opgestane Christus ook voor ons doen. Midden in onze tranen wil Hij ons helpen om opnieuw te beginnen. Om nieuw leven en de opstandingskracht te ervaren. De manier waarop Hij dit in ons leven doet, lijkt sterk
op de manier waarop Hij dat in Maria's leven deed. Hij komt
ons zoeken in onze pijn, roept ons bij onze naam en nodigt
ons uit tot een diepere intimiteit. We herkennen Hem niet
altijd meteen. Soms komt Hij tot ons via een liefdevolle
vriend(in), soms in de schoonheid van een zonsondergang,
soms in het brood en de wijn van een avondmaalsviering.
Soms komt Hij op andere onverwachte en verrassende manieren tot ons. Op welke manier we de liefde en kracht van
zijn opstanding ook ervaren, het helpt ons altijd om een nieuwe stap door ons lijden heen te zetten.

---

26. Rob Bell, *Velvet Elvis* (Zondervan, 2005), p. 157.

Laat dit beeld uit de tuin je hart en denken vullen, wanneer je je met Jezus' vraag bezighoudt. Achter de vraag schuilt de stem van Degene die jou zoekt totdat Hij je vindt, die je bij je naam roept en die je liefheeft met een liefde die je nooit zal loslaten. Weet dat je niet alleen bent als je nadenkt over je tranen en de pijn die je hebt doorgemaakt in je eigen leven. Neem de tijd voor deze vraag en wanneer je antwoord diep in je eigen hart vorm begint te krijgen, spreek dan met de opgestane Christus over je reactie.

Je kunt om heel verschillende redenen huilen.

- Ik huil omdat ik mijn geliefde zo ontzettend mis.
- Ik huil omdat mijn huwelijk dreigt vast te lopen en ik geen uitweg zie.
- Ik huil omdat mijn scheiding mijn leven kapot heeft gescheurd.
- Ik huil omdat ik me in het donker bevind en niet weet wat ik moet doen.
- Ik huil omdat mijn lichaam pijn lijdt en ik geen verlichting lijk te kunnen vinden.
- Ik huil vanwege het diepe schuldgevoel dat ik heb om iets wat ik in het verleden heb gedaan.
- Ik huil omdat God zo ver weg lijkt en ik niet weet waar ik Hem kan vinden.

Misschien is jouw pijn zo diep weggestopt dat je niet eens weet hoe je er uiting aan moet geven. Je voelt je heel verdrietig, maar weet niet waarom. Misschien is dit het moment om te praten met een vriend(in) of een hulpverlener die je vertrouwt.

Realiseer je, terwijl je daar met Maria in die tuin staat, dat zij ook al die andere mensen vertegenwoordigt die vandaag de dag huilen. Denk aan iemand die je kent en die onlangs bitter heeft gehuild. Het zou iemand kunnen zijn die je goed kent, iemand die heel dicht bij je staat, maar het kan net zo goed iemand zijn over wie je in de krant hebt gelezen of die je op de televisie hebt gezien. Neem in gedachten deze persoon mee naar de voeten van Jezus, die zich uitstrekt naar ieder die lijdt. Houd hem of haar – de tranen, de pijn, het verdriet – in gedachten en in je hart terwijl je bidt. Laat jouw leven de plek worden waar een klein beetje pijn van deze wereld in de geheimzinnige aanwezigheid van God, die op een dag alle tranen van alle ogen zal afwissen, gebracht en met Hem gedeeld kan worden.

Wanneer je het verhaal achter je tranen vertelt aan Christus, en in je hart de tranen van een buurman houdt, kijk dan met Maria in de duisternis van het lege graf. Kijk maar, de gekruisigde ligt daar niet meer. Laat je verdriet zich omvormen tot aanbidding en lofprijzing, wanneer je beseft dat God Jezus uit de doden heeft opgewekt.

Zonder opstanding is er geen goede reden om aan te nemen dat er ook na je tranen leven mogelijk is. Maar omdat de opstanding heeft plaatsgevonden, kun je huilen in de hoop dat God je door je tranen heen naar een nieuw begin kan leiden. Zonder dit goede nieuws heeft het leven helemaal geen zin.

Vragen voor kleine groepen

1. Voel je je op je gemak met je eigen tranen?
2. Kun je je enigszins identificeren met Maria, die bij het graf staat te huilen?
3. Heb je ooit ervaren dat iemand anders als een klaagmuur voor jou was? Welke kwaliteiten had deze persoon?
4. Praat over een ervaring waarbij je in staat was door je tranen heen tot een nieuw begin te komen.

10. Begrijp je wat Ik voor je heb gedaan?

Enkele jaren geleden nam ik op de donderdag voor Goede Vrijdag deel aan mijn allereerste voetwasritueel. De dienst was gebaseerd op het bijbelverhaal waarin Jezus de voeten van zijn discipelen waste. De setting was vrij eenvoudig. We zaten met ongeveer twintig mensen in een kring. In het midden stonden bakken met water en er lagen stukken zeep en wat handdoeken. Met op de achtergrond zachte muziek luisterden we naar iemand die Johannes 13 voorlas. We hoorden hoe Jezus zijn bovenkleed uittrok, een handdoek om zijn middel knoopte, water in een bak goot en de voeten van de discipelen begon te wassen. Daarna knielden we aan de voeten van de persoon naast ons en deden hetzelfde.

Het was een krachtige ervaring. Mijn eigen emotionele reactie overviel me een beetje. Ik had de gevoelens van intimiteit en kwetsbaarheid waarmee deze doodgewone handeling gepaard ging helemaal niet verwacht. Iemand anders' tenen wassen is iets heel intiems. De ervaring gaf me echt een gevoel van gemeenschap met de mensen van wie ik de voeten waste. Ik voelde dat ik hen op een diepe manier, die niet in woorden te vatten is, diende met de liefde van God. Het was ronduit verbazingwekkend dat zo'n alledaagse, praktische handeling zo diep ontroerend kan zijn. Tot op de dag van vandaag ben ik nooit vergeten wat voor effect dit had op mijn hart en verstand.

Wat me ook verraste, was dat ik het zo ongemakkelijk vond om mijn eigen voeten te laten wassen. Ik merkte dat het veel gemakkelijker voor me was om de voeten van een ander te wassen, dan om hem de mijne te laten wassen. Het duurde even voordat ik me kon ontspannen, achterover kon leunen en van de ervaring kon genieten. Toen ik later daarover nadacht, vroeg ik me af of daar voor mij een les uit te leren viel. Wees deze weerstand er op een bepaalde manier op dat het voor mij gemakkelijker was om te dienen dan om gediend te worden? Ik denk dat het zo was en is. Geleidelijk aan was ik echter in staat om mijn aanvankelijke onwilligheid te overwinnen. Ten slotte ontdekte ik dat de gebeurtenis een tedere, genezende en liefdevolle ervaring opleverde.

Sinds die voetwaservaring op Witte Donderdag is dit bijbelverhaal heel bijzonder voor me geworden. In mijn kantoor hangt een afbeelding die me er elke dag aan herinnert. Daarop is te zien hoe Jezus zich buigt, voor Petrus neerknielt en zijn voeten wast. Opvallend genoeg ligt een van Petrus' handen op Jezus' schouder, terwijl de andere protesterend is opgeheven. Steeds als ik naar deze afbeelding kijk, word ik geconfronteerd met de vraag die Jezus zijn discipelen stelde toen Hij klaar was met voeten wassen: 'Begrijp je wat Ik voor je heb gedaan?'

Deze vraag richt zich op iedereen die de weg van Jezus wil bewandelen. Ook al beantwoordde Jezus de vraag tot op zekere hoogte zelf, toch lijken we de revolutionaire betekenis ervan niet helemaal doorgrond te hebben. Zoals we zullen zien staat deze voetwassing van Jezus in schril contrast met de manier waarop onze maatschappij is georganiseerd. Het lijkt gewoon te weinig in overeenstemming met onze cultuur, te uitdagend, te radicaal voor mensen zoals jij en ik. Laten we al onze bezigheden eens even aan de kant schuiven en onszelf toestaan ons met deze indringende vraag bezig te houden.

De reis omlaag

Toen Jezus de voeten van zijn discipelen waste, demonstreerde Hij de weg omlaag. Dit is een reis die God ons allemaal wil laten maken. Om te begrijpen wat dit voor ons leven zou kunnen betekenen, moeten we eerst teruggaan naar de wereld van de eerste eeuw, waarin Jezus leefde. In zijn tijd was de maatschappij opgebouwd als een piramide. Aan de top stonden de machtigen – de welgestelden, de hoogopgeleiden, de mensen met goede connecties. Zij waren degenen die de touwtjes in handen hadden, degenen die regeerden, degenen die de baas waren. Onderaan stonden de machtelozen – de slaven, de mensen zonder opleiding, de vervreemden. Het was hun taak de mensen aan de top te dienen. Zo werkte het nu eenmaal. Het was nooit andersom.

Een van de manieren waarop de mensen onderaan de mensen boven zich dienden, was door hun voeten te wassen na een reis, of wanneer ze bij hen thuis kwamen. Dit was het nederigste werk, gereserveerd voor het allerlaagste personeel. Nu kun je je voorstellen wat er in de hoofden van de discipelen moet zijn omgegaan toen ze bijeenkwamen voor de paschamaaltijd met Jezus. Wie ging nu dit klusje opknappen? In elk geval niet een van hen. Toen Jezus opstond, de handdoek om zijn middel sloeg en hun voeten begon te wassen, deed Hij het ondenkbare. Hij identificeerde zich met de mensen onder aan de piramide. Hij had heel letterlijk de reis naar beneden gemaakt door te handelen als een dienaar.

Het is dan ook niet verrassend dat er een heftige reactie van Petrus komt. We kunnen hem bijna bij zichzelf horen zeggen: 'Dit is niet zoals het hoort. Onze meester hoort onze voeten niet te wassen. Als we dit pikken, wat zou dat dan voor ons betekenen? Ik zal mijn houding, mijn waarden, mijn relaties, de hele manier waarop ik tegen de wereld aankijk, moeten herzien. Ik wil mezelf niet zo vernederen voor een ander. Ik zal niet toelaten dat Jezus me de voeten wast.' Toen hij dat hardop zei, reageerde Jezus resoluut: 'Als je Mij je voeten niet laat wassen, dan kun je geen deel aan Mij hebben.'

Misschien staat jou, net als Petrus, die reis omlaag geweldig tegen. Ik worstel er in elk geval wel mee. In onze piramidevormige samenleving is het veel gemakkelijker om tijd door te brengen met de mensen die dicht bij de top staan, dan met mensen die aan de onderkant leven. Het is veel comfortabeler, minder bedreigend, en veel veiliger. Mensen aan de onderkant – lijdende mensen, gebroken mensen, uitgesloten mensen – zijn vaak een beetje eng. Ze herinneren ons eraan hoe beschermd en toch breekbaar ons eigen leven eigenlijk is. Soms brengt het ons enorm van ons stuk als we ons blootstellen aan hun nood en wanhoop. Het kan ook aan het licht brengen hoe hard ons hart eigenlijk is en hoe traag het reageert op de ellende om ons heen.

Toch blijft God ons roepen tot deze reis omlaag. Ieder van ons moet helder zien te krijgen wat dit in zijn of haar specifieke situatie zou kunnen betekenen. Het zal op zijn minst betekenen dat we dichter bij de mensen aan de onderkant van de piramide komen. Dit zou kunnen inhouden dat we een relatie opbouwen met iemand die dakloos en berooid is, of die een psychische ziekte heeft, of die werkloos is, of die Alzheimer heeft, of die zwaar gehandicapt is. Het kan ook meer betekenen. Voor een vriend van me die arts is, betekende het dat hij ging wonen onder de allerarmsten en zijn vaardigheden voor hen inzette. Zie je hoe Jezus' vraag 'Begrijp je wat Ik voor je heb gedaan?' ons uitdaagt in onze piramidevormige samenleving?

Toen Jezus de voeten van zijn discipelen waste, gaf Hij ons daarmee een voorbeeld ter navolging. Ga nog eens terug naar het evangelieverhaal. Let heel nauwkeurig op één zin die door Jezus werd uitgesproken meteen nadat Hij zijn bovenkleed weer had aangetrokken en was gaan zitten. Hij zei tegen zijn discipelen: 'Ik heb jullie een voorbeeld gegeven.' Het is goed om hier even halt te houden, diep over deze woorden na te denken en erbij stil te staan wat ze voor ons dagelijks leven betekenen. We vinden ze nergens anders in de vier evangeliën. Ze bieden geen keuzevrijheid. Ze zijn helder, recht op de man af en persoonlijk. Als we het leven dat God geeft, willen ervaren, moeten we Jezus' voorbeeld navolgen en elkaars voeten wassen.

Bijbelwetenschappers wijzen er vaak op dat het woord 'voorbeeld' in nieuwtestamentisch Grieks 'patroon' betekent. Dat vind ik een zinvolle opmerking. Denk maar aan een naaister die haar patroon legt over de diverse stoffen met al hun variatie aan kleur en motief. Ze kan anders knippen zodat de jurk een dik of een dun lichaam zal passen, maar steeds weer zal het patroon de vorm van de kleding bepalen.

Zo heeft Jezus ons ook een patroon gegeven waarnaar we ons leven kunnen vormgeven. Ook al zijn we allemaal verschillend, zoals ook jurken verschillend zijn, toch zal dit patroon in elk trouw leven tot uiting komen. Het is het patroon van het wegschenken van onszelf in liefdevolle dienst-

baarheid, zoals Jezus deed toen Hij de voeten van de discipelen waste.

Zoals bij voeten wassen ook het geval is, komt dit patroon
van liefdevolle dienstbaarheid vaak tot uiting in het alledaagse, nederige en vuile werk.

Ik herinner me dat ik ooit een krantenartikel over Jonty
Rhodes heb gelezen, waarboven de kop stond 'Geen Jonty
meer om de netten op te ruimen'. Het artikel bevatte een ci-
taat van Eric Simons, de toenmalige coach van het Zuid-Afrikaanse cricketteam. Hij stond stil bij wat hij het meest mis-
te nadat Jonty met pensioen was gegaan. Het was niet zijn
aanstekelijke enthousiasme. Evenmin was het zijn pijlsnelle
rennen tussen de *wickets*. Ook niet zijn fantastische vangen
op het veld. Het was veeleer de manier waarop Jonty na iedere
netoefening de petflesjes en papiertjes opraapte, die overal lagen te slingeren, en deze in de prullenbak gooide.[27]

Dat was echt een uitdaging voor me. Jonty's toewijding
als volgeling van Jezus is alom bekend. Hij was ook een van
de oudste spelers in het Zuid-Afrikaanse cricketteam. Je zou
toch denken dat zo'n onaanzienlijk klusje gedaan zou worden door een van de jongere spelers? Toch was het Jonty die
er vrijwillig voor koos dit te doen. Ik denk dat ik wel weet
waarom. Zijn leven bevindt zich in een proces waarbij het
wordt omgevormd volgens een bepaald patroon – het pa-

---

27. *Saturday Star*, 15 februari 2003.

troon van liefdevolle dienstbaarheid, dat ons allemaal is voorgedaan toen Jezus zijn bovenkleed aflegde, water in een bak goot, de voeten van zijn discipelen begon te wassen en deze afdroogde met zijn schort.

Natuurlijk wijst Jezus' voorbeeld van de voetwassing ons op een veel grotere uitdaging dan alleen maar kleine dingetjes voor anderen doen. Het is de veel grotere uitdaging om in hart en denken een dienaar te worden, om ons leven af te leggen in dienst van de koning-knecht, die zijn leven aan het kruis heeft gegeven voor ieder mens.

Dit heeft iets revolutionairs. Toen Jezus zich neerboog en aan de voeten van zijn discipelen neerknielde, was Hij bezig een nieuwe manier van zijn tot stand te brengen, een volledig nieuwe houding ten opzichte van het leven, een nieuwe manier om ons gezin, onze vrienden, onze collega's en zelfs onze vijanden lief te hebben en te dienen.

Ik denk dat ik nog maar heel weinig heb beseft van de implicaties hiervan voor mijn leven. En jij?

Gezag op zijn kop

Toen Jezus de voeten van zijn discipelen waste, zette Hij onze opvatting over gezag helemaal op zijn kop. Sta eens een moment stil bij enkele gangbare opvattingen die velen in deze tijd hebben ten aanzien van leiderschap. Leiders moeten sterk zijn. Ze moeten laten zien dat ze de touwtjes in handen hebben. Ze moeten alles onder controle hebben. Ze moeten hun zwakheid nooit laten zien. Ze moeten niet te amicaal omgaan met de mensen die 'beneden hun stand' zijn; die joviale houding zou immers kunnen leiden tot minachting en zou hun invloed kunnen aantasten. Het is dus niet verrassend dat leiders van welke soort dan ook, wanneer ze deze opvattingen hebben – of het nu gaat om ouders, leidinggevenden bij bedrijven, regeringsleiders, docenten, artsen of zelfs dominees – vaak afstandelijk, ongenaakbaar en ontoegankelijk worden.

Jezus nodigt ons echter uit om leiderschap en gezag op een radicaal andere manier uit te oefenen. Kijk nog eens goed naar het evangelieverhaal. Toen Hij de voeten van zijn discipelen waste, deed Jezus geen afstand van zijn gezag. Hij ontkende het ook niet. Hij deed niet alsof Hij helemaal geen gezag had. We weten dit omdat Hij de aanspreektitels 'heer' en 'meester' aanvaardde, als van toepassing zijnde op zichzelf. Mensen stonden vaak verbaasd over het gezag waarmee Hij sprak en handelde. Maar wanneer we mediteren over het beeld van Jezus die voor Petrus neerknielt, dan krijgen we toch een ander voorbeeld van de manier waarop gezag moet worden uitgeoefend. We zien dat het tot uiting kan komen in kwetsbaarheid, zwakheid en dienstbaarheid. We merken ook op dat dit gezag nabijheid, vriendschap en intimiteit kan omvatten. 'Gezag-op-zijn-kop' zou ik dat willen noemen – een gezag dat we niet aantreffen in een hoge positie of een dure titel, maar in een handdoek en een wasbak.

Enkele jaren geleden heb ik dit gezag-op-zijn-kop zelf

kunnen ervaren. De gebeurtenis staat in mijn geheugen gegrift. Ons gezin was kort tevoren verhuisd naar Benoni, waar ik met een nieuwe baan in de plaatselijke methodistenkerk zou beginnen. Op een dag, toen Debbie en ik tuinafval op een aanhangwagen aan het laden waren, arriveerde mijn nieuwe bisschop om ons te verwelkomen. Hij was net van een officiële bijeenkomst teruggekomen en had zijn goede kleren nog aan. Zonder veel ophef trok hij gewoon zijn jasje uit, rolde zijn mouwen op en begon ons te helpen in de hete Zuid-Afrikaanse decemberzon. Tot op de dag van vandaag laat deze eenvoudige daad mij op een krachtige manier zien hoe gezag in de geest van Jezus tot uitdrukking kan komen. Ik zal dit nooit vergeten.

Maar jij en ik dan? Hoe oefenen wij ons gezag uit? Gaan we prat op onze status of geven we leiding in een geest van nederigheid? Komen we over als superieur of als iemand die graag wil dienen? Dat zijn belangrijke vragen, vooral als we Jezus als onze heer en meester willen volgen. Ieder van ons heeft in zekere mate een bepaalde verantwoordelijkheid om leiding te geven. Dat kan thuis zijn, op het werk, in de kerk, of in de samenleving in bredere zin. Hoe we op deze plekken leidinggeven en dienen, geeft bovenal aan wat ons werkelijke antwoord is op Jezus' vraag: 'Begrijp je wat Ik voor je heb gedaan?'

Gods vraag beantwoorden

Begrijp je wat Ik voor je heb gedaan? Hoe kunnen we zelfs maar een begin maken met het beantwoorden van Jezus' vraag? We leven in een piramidevormige samenleving, die het ons heel moeilijk maakt om de volle reikwijdte van deze voetwassing te doorgronden. Jezus' voorbeeld vormt een directe tegenstelling met de manier waarop de wereld volgens onze waarneming werkt. Bijna elke dag overlaadt onze cultuur ons met boodschappen zoals: 'Werk je omhoog,' 'kom op voor jezelf,' 'laat ze maar zien wie de baas is,' 'houd de touwtjes in handen.' Wanneer dergelijke ideeën onderdeel van onze manier van denken worden, is het erg moeilijk om iemand die neerknielt en voeten wast serieus te nemen.

Dus hoe kun je deze vraag nu beantwoorden? Ik zal je drie eenvoudige suggesties geven.

Als je worstelt met dit evangelieverhaal, kan het allereerst zinvol zijn om met God over je gevoelens te spreken. Wees open en zeg: 'Heer, ik vind het niet gemakkelijk om te begrijpen wat U hebt gedaan. Het lijkt zo sterk in te druisen tegen wat ik heb geleerd over het leven op deze wereld. Maar ik wil proberen te begrijpen wat U bedoelde toen U de voeten van uw discipelen waste. Wilt U alstublieft wat meer duidelijkheid geven over dat moment in uw leven, zodat ik U duidelijker kan zien, U dieper kan leren kennen en U beter kan volgen?' Ik heb gemerkt dat deze eerlijkheid ons verder kan brengen in onze relatie met God.

Een andere manier om je antwoord op Jezus' vraag te onderzoe-
ken is door de volgende meditatieoefening te proberen. Neem wat
tijd om stil te worden. Vraag God om dicht bij je te zijn. Lees
het evangelieverhaal over de voetwassing enkele malen door. Leg
je Bijbel weg, als je de meeste details kent. Laat het verhaal in je
eigen fantasie tot leven komen. Stel je voor dat je zelf met de dis-
cipelen in die bovenkamer zit. Jezus wast hun voeten. Ten slot-
te knielt Hij neer voor jou, pakt je voeten en zet ze in de bak.
Wees je bewust van je gedachten en gevoelens wanneer Hij je voe-
ten wast. Als Hij klaar is, kijkt Hij op en vraagt: 'Begrijp je wat
Ik voor je heb gedaan?' Spreek vanuit je hart met Hem.

Mijn laatste suggestie heeft te maken met de subtitels in dit hoofd-
stuk. Kijk deze snel nog even over. Wat hebben ze jou persoon-
lijk te zeggen? Hoe dagen ze jou persoonlijk uit? Wat begrijp je
van de reis omlaag? Van het volgen van het patroon van de die-
naar Jezus? Van het uitoefenen van gezag-op-zijn-kop? Praat
over deze inzichten met God. Het kan ook zinvol zijn om ze op
te schrijven in je dagboek, als je er eentje hebt. Maar herinner
jezelf eraan dat inzicht alleen niet voldoende is. Weten en doen,
woord en daad moeten altijd samengaan. Of zoals Jezus het zei
nadat Hij de vraag had gesteld: 'Nu je deze dingen weet, zul je
gezegend worden als je ze ook doet.' Waartoe daagt God jou uit?
Wanneer ga je dat doen?

Moge je de zegen ontdekken die voortkomt uit het navolgen
van de voetenwassende Christus.

Vragen voor kleine groepen

1. Heb je ooit meegemaakt dat iemand je voeten waste? Hoe was dat?
2. Vind je het gemakkelijker om te dienen of om gediend te worden? Waarom?
3. Hoe zou een 'reis omlaag' er voor jou uit kunnen zien?
4. Wat vind je het opwindendste of het angstaanjagendste aan het volgen van het voorbeeld dat Jezus als dienaar heeft gegeven?

Dankbetuiging

Zoals altijd heb ik veel te danken aan een groep vrienden en collega's. Zonder de geschenken van hun expertise en bemoediging zou er helemaal geen boek zijn. Mijn welgemeende dank en waardering gaan uit naar:

- Veronica Language, Fiona Lee en Reinata Thirion, en de rest van het uitgeversteam van Struik Christian Books, voor al hun inspanningen om dit boek uit te brengen,
- Lyn Meyer, omdat ze haar computervaardigheden zo gul in dienst heeft gesteld van dit schrijfproject,
- Bill Meaker, die me blijft begeleiden bij mijn bediening van het schrijven voor gewone mannen en vrouwen,
- leden en staf van de methodistenkerk te Northfield, met wie ik door de jaren heen deze vragen heb doorleefd en onderzocht,
- en ten slotte Debbie Hudson, wier dagelijks leven met God een zeldzame trouw, integriteit en echtheid laat zien.

Van dezelfde auteur:

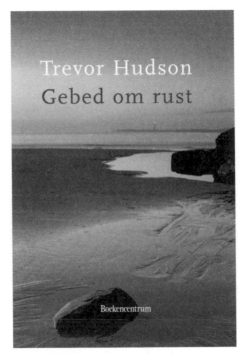

Trevor Hudson
Gebed om rust

Boekencentrum

ISBN 978 90 239 1885 1